BIBLIOTHÈQUE MORALE

DE

LA JEUNESSE

PUBLIÉE

AVEC APPROBATION

2ᵉ SÉRIE GR. IN-8°

Frégate essuyant un grain.

(*Richesses maritimes.*)

LES RICHESSES

MARITIMES

DE LA FRANCE

PAR S. FRÈRE

ROUEN

MÉGARD ET Cie, LIBRAIRES-ÉDITEURS

1872

APPROBATION.

—

Les Ouvrages composant **la Bibliothèque morale de la Jeunesse** ont été revus et **ADMIS** par un Comité d'Ecclésiastiques nommé par Son Éminence Monseigneur le Cardinal-Archevêque de Rouen.

AVIS DES ÉDITEURS.

Les Éditeurs de la **Bibliothèque morale de la Jeunesse** ont pris tout à fait au sérieux le titre qu'ils ont choisi pour le donner à cette collection de bons livres. Ils regardent comme une obligation rigoureuse de ne rien négliger pour le justifier dans toute sa signification et toute son étendue.

Aucun livre ne sortira de leurs presses, pour entrer dans cette collection, qu'il n'ait été au préalable lu et examiné attentivement, non-seulement par les Éditeurs, mais encore par les personnes les plus compétentes et les plus éclairées. Pour cet examen, ils auront recours particulièrement à des Ecclésiastiques. C'est à eux, avant tout, qu'est confié le salut de l'Enfance, et, plus que qui que ce soit, ils sont capables de découvrir ce qui, le moins du monde, pourrait offrir quelque danger dans les publications destinées spécialement à la Jeunesse chrétienne.

Aussi tous les Ouvrages composant la **Bibliothèque morale de la Jeunesse** sont-ils revus et approuvés par un Comité d'Ecclésiastiques nommé à cet effet par Son Éminence Monseigneur le Cardinal - Archevêque de Rouen. C'est assez dire que les écoles et les familles chrétiennes trouveront dans notre collection toutes les garanties désirables et que nous ferons tout pour justifier et accroître la confiance dont elle est déjà l'objet.

I.

INTRODUCTION.

—

POURQUOI LA FRANCE A-T-ELLE UNE MARINE?

Les peuples ont leurs destinées comme les hommes ; mais ces destinées, dont l'ensemble constitue l'harmonie du mouvement universel organisé par la Providence, sont essentiellement variables daus leurs causes, aussi bien que dans leurs effets.

De ces causes, il en est de purement topographiques.

Il est incontestable, par exemple, que la situation et la conformation d'un pays sur le globe terrestre influent directement sur les aptitudes générales, sur la nature et la marche du développement intellectuel, commercial ou industriel ; en un mot, sur la vie du peuple qu'il nourrit.

C'est grâce à cette influence que se crée l'individualité physique d'une nation. C'est elle qui contribue le plus puissamment, dans un ordre de choses tout humain, bien entendu, à caractériser le rôle de l'Angleterre, de l'Autriche et de la France.

L'Autriche communique par des frontières presque exclusivement territoriales avec les principaux peuples européens. Elle n'avait ni à chercher ni à créer des moyens artificiels pour s'approcher de ses voisins. En temps de paix, comme en temps de guerre, pour alimenter le pays d'une denrée ou d'une industrie qu'il ne produisait pas, pour entretenir, à quelque titre que ce fût, des relations bonnes ou mauvaises avec les gouvernements limitrophes, l'Autriche n'avait qu'à rayonner, par ses routes, du centre aux frontières ; les communications s'établissaient naturellement, je dirai presque fatalement. Elle n'avait qu'à tendre la main, ou qu'à tirer l'épée : la Pologne, la Russie, la Turquie, la Grèce, l'Italie, la Suisse, étaient toujours à sa portée. Sans océan, qui puisse la conduire aux Amériques ; sans mer, excepté l'Adriatique ; sans port, excepté Trieste ; sans marine marchande, par conséquent sans relation avec les autres parties du monde, c'est-à-dire sans colonies, l'Autriche n'avait ni le besoin, ni la pensée, ni la prétention de devenir un centre commercial ou industriel. Forcée pourtant d'employer au progrès universel sa puissance propre, et l'instinct généreux qui pousse les peuples, comme les hommes, au travail utile, elle a concentré toute cette force d'expansion à l'intérieur, dans une sphère plutôt intellectuelle que commerciale, et elle est devenue l'Autriche philosophe, lettrée et savante, que l'Europe connaît.

Au contraire, le premier besoin de l'Angleterre, entièrement isolée du reste du monde par l'Océan, était de se mettre en rapport avec l'Europe. Du jour où elle sentit qu'elle ne pouvait se suffire à elle-même, du moment où elle eut à venger son drapeau, à défendre ses intérêts, à les étendre, à prendre part au mouvement européen, il lui fallut des vaisseaux.

De là sa marine. Et cette marine, qui n'était d'abord qu'un effet, devint peu à peu une cause. Quand l'Angleterre se vit maîtresse des mers, elle sentit quelle était sa orce ; et comme le génie anglais est entreprenant par nature, elle grossit ses flottes et porta jusqu'aux extrémités du globe son nom, ses armes et sa civilisation. Ses colonies couvrirent le monde ; une nouvelle Angleterre grandit en Amérique ; l'Australie lui ouvrit ses déserts torrides et immenses. L'Océan avait cru l'enfermer à jamais dans la Grande-Bretagne ; mais l'Océan s'était soumis comme un humble esclave : c'est lui qui était dompté par elle, et qui la portait à la conquête des deux pôles.

Cette prodigieuse expansion eut un double résultat : l'Angleterre devint une nation essentiellement commerçante et industrielle ; et par contre-coup, elle n'eut plus ni le temps ni le goût, à de nombreuses exceptions près, d'appliquer ses forces à l'étude des sciences philosophiques, aux lettres, aux arts, à toutes ces vertus d'une nation sédentaire.

Toutefois, sans la force de caractère qui distingue la race anglaise, sans l'énergie qui la portait à s'étendre plus loin, et plus souvent que ne le demande la stricte exigence de ses différents besoins, l'Angleterre eût pu souffrir de son isolement topographique. Ainsi, du jour où l'Espagne, baignée presque entièrement par les eaux de l'Océan et celles de la Méditerranée, cessa de réagir contre ses penchants apathiques, elle tomba dans l'isolement, se laissa endormir par le bruit perpétuel et monotone des flots qui venaient mourir sur ses grèves, et son repos devint sa décadence. Sa marine dégénéra ; elle perdit peu à peu ses colonies. Peu à peu, en même temps, grandissaient en elle les tentations de l'isolement, et c'est dans les fureurs de la guerre civile qu'elle consume, sous les yeux de l'Europe, les dernières ardeurs d'un réveil sans repos, sans but et sans profit.

La Providence n'avait pas voulu exposer les Français à ces dangers extrêmes. Ils devaient avoir leur place marquée au livre de l'histoire universelle, par la popularité de leur drapeau, de leur génie commercial et colonisateur, aussi bien que par la supériorité de leur génie littéraire. Aussi la main du Créateur les fit-elle naître d'un sol dont la situation était exceptionnellement privilégiée. La France a 4,692 kilomètres de contour : 2,240 en frontières territoriales, 2,452 en côtes. Pour satisfaire aux besoins de son activité et de sa force expansive, la France n'a donc pas qu'un seul moyen d'action, comme l'Autriche ou l'Angleterre. Elle a des débouchés sur le continent : ce sont les routes des frontières ; elle a des débouchés dans les cinq parties du monde : ce sont les routes de l'Océan et de la Méditerranée.

Ainsi, il est vrai de dire que la France, par l'effet naturel de sa position topographique, devait compter, en Europe, aussi bien comme une puissance maritime que comme une puissance continentale. C'est d'ailleurs ce qu'elle a toujours compris. Nos colonies en sont la preuve. Or, du jour où une grande nation entreprend une œuvre colonisatrice, elle est liée pour ainsi dire ; et sa marine devient plus que jamais une nécessité et une obligation. Que seraient devenues nos possessions du Sénégal, de l'Amérique, de l'Océanie, de la Cochinchine, de l'Algérie, sans nos flottes pour y porter le respect du drapeau et les industries de la métropole ?

Ces 2,452 kilomètres de côtes s'étendent sous des formes diverses. De Dunkerque et Calais à l'embouchure de la Somme, la côte est basse et bordée de dunes, c'est-à-dire de masses mobiles de sable, sans cesse remuées par le vent de la mer, et accumulées ainsi à une hauteur souvent très-considérable. A Saint-Valery-sur-Somme, commence la falaise, d'abord assez basse jusqu'au Tréport, atteignant à Fécamp son plus haut degré d'élévation et d'imposante grandeur, formant la pointe de la Hève, se laissant interrompre par la magnifique baie de la Seine, rade naturelle du Havre-de-Grâce, et finissant à l'embouchure de l'Orne, au port de Ouistreham.

De l'embouchure de l'Orne à celle de la Loire, la côte forme une presqu'île, dont le contour accidenté est hérissé de roches, d'écueils et de granits. Cherbourg, Brest, Lorient, sont les trois points extrêmes de cette ligne, déchirée par les baies de Cancale, du Mont-Saint-Michel, de Saint-Brieuc, de Morlaix (où la Manche devient l'Océan), d'Ouarnenez, d'Audierne, de Concarneau et du Morbihan. Après Saint-Nazaire, sur la rive droite de la Loire, jusqu'à la Bidassoa, qui sépare la France de l'Espagne, la côte est basse, parsemée de dunes, de marécages ou d'étangs. La Rochelle, Rochefort sur la Charente, et Bordeaux sur la Gironde, sont les ports français les plus importants que viennent frapper sur cette côte orientale les grandes vagues du golfe de Gascogne.

La ligne des côtes françaises sur la Méditerranée est de beaucoup moins considérable : très-élevées au plateau des Pyrénées, elles sont basses, sablonneuses, près de l'embouchure du Rhône, en formant le golfe de Lyon. Elles redeviennent ensuite jusque par-delà Nice dentelées, rocheuses, et escarpées en passant par Marseille, Toulon, le golfe de Fréjus, et celui de Jouan.

Telle est la nature, tel est le dessin des côtes françaises. Nous ne parlons pas des six grands fleuves qui l'arrosent, et lui servent de routes et de boulevards. On peut voir dès à présent combien est avantageuse la position d'un pays qui, comme le nôtre, commande aux deux mers principales de l'Europe. Par l'une, la France reçoit les produits du Nord et les richesses de l'Amérique. Par l'autre, elle communique avec l'Afrique, et, grâce au percement de l'isthme de Suez, elle atteint l'Asie et l'océan Indien. Toutes les routes lui sont donc ouvertes ; tous les moyens lui sont offerts. La Providence lui avait réservé dans l'empire du monde cette place privilégiée. Elle ne pouvait manquer de l'occuper dignement.

Pour cela, il lui fallait une marine : c'était une nécessité. Elle n'a jamais été plus prospère que quand elle l'a le mieux compris.

Rouen, 31 janvier 1870.

S. FRÈRE.

II.

Naissance et Développements de la Marine française.

—

DU Ier AU XIIIe SIÈCLE.

On ne trouve guère de traces dans l'histoire de France, avant Charlemagne, et même avant saint Louis, d'une marine vraiment constituée, c'est-à-dire d'une collection de vaisseaux allant faire la guerre ou le commerce, construits et organisés à cet effet, et contribuant dans son ensemble au développement de la prospérité

2

du pays. Cependant les Gaulois, nos pères, avaient l'humeur aventureuse. Il fallut nécessairement des navires aux peuplades qui allèrent fonder la Galatie en Asie Mineure, 200 ans avant Jésus-Christ; à ces innombrables guerriers qui participèrent aux conquêtes des Carthaginois et des Romains; aux peuplades qui traversèrent la Manche et vinrent s'établir sur la Grande-Bretagne.

César, dans ses *Commentaires*, a parlé des Vénètes, les Bretons d'alors. Il a raconté comment, avec les galères qu'il fit construire à cet effet sur la Loire, il rencontra leurs vaisseaux ronds à voiles de cuir. Il semble indiquer que l'usage des rames leur était inconnu, et que celles des Romains, agitées avec ensemble par l'équipage, les confondaient singulièrement.

Au IXe siècle, les Normands apportèrent en France leur esprit aventureux et leur humeur maritime. Elles sont célèbres, les larmes du grand empereur Charlemagne, contemplant, avant de mourir, les vaisseaux normands fuyant, avec le vent et les rames, les rivages français qu'ils laissaient dévastés. Ses tristes appréhensions ne devaient pas être vaines, et Paris n'a pas oublié le siége de 884.

Ces hardis navigateurs s'abattaient sur les côtes avec de gros vaisseaux à larges flancs et à vastes croupes, appelés *drakars*. Les *drakars* étaient de longs et solides navires capables d'affronter les tempêtes de la Manche. A la proue, une tête de dragon dressait un dard menaçant ; à la poupe, une queue de monstre s'allongeait ou se recourbait, selon le génie des charpentiers. Couverts d'écailles peintes à l'extérieur, avec des pattes et des griffes, ornés de figures de métal, souvent même de statues, garnis de soldats retranchés derrière les châteaux d'avant et d'arrière, manœuvrés par un grand nombre de rameurs et livrant aux vents une voile unique couverte de peintures guerrières, de blasons et d'emblèmes, les *drakars* s'avançaient audacieusement jusqu'à l'embouchure des fleuves, « répandant la terreur dans l'âme de tous ceux qui les regardaient, » dit un chroniqueur du temps.

Peu à peu l'aspect fantastique disparut. L'avant, débarrassé d'emblèmes et de têtes de dragons, devint semblable à l'arrière. Les mâts purent se lever ou se coucher à volonté comme ceux de nos chalands. Le gouvernail consistait alors en une grande pelle à manche de béquille, et était attaché à l'arrière sur le côté droit.

L'usage de l'*éperon* était rare. La voile se hissait au seul mât dont la tête, solidement retenue par un cordage nommé *étai*, recevait de chaque côté les extrémités de ces longs câbles latéraux que nos marins appellent aujourd'hui des *haubans*.

La vergue, qui soutenait le haut de la voile et que l'on hissait avec une *drisse* ou câble passé dans une poulie, pouvait être manœuvrée de droite à gauche par des *balancines*, c'est-à-dire par des câbles fixés aux deux extrémités de la vergue, et amarrés à l'arrière du navire, d'où le mouvement s'opérait. Les *écoutes* étaient alors en usage. Elles tenaient la voile par les angles inférieurs, par les *points*, et servaient à la tendre, selon les vents et la direction du navire. Enfin, pour relever la toile, ou pour prendre ce que nous appelons un *ris*, c'est-à-dire pour diminuer la prise du vent sur une surface trop étendue et trop résistante, des cordes attachées sur la *ralingue*, ourlet de la voile, et sur les *points*, passaient dans une poulie sur la vergue, et de là redescendaient sur le pont du navire, où les matelots les halaient par une manœuvre à peu près semblable au *carguage* moderne. Les Normands d'alors l'appelaient la manœuvre des *gardings*.

Ces nefs, plus ou moins modifiées, portèrent Guillaume le Conquérant sur la côte anglaise. Elles ont donc dans l'histoire de la marine une place exceptionnellement importante ; de plus, ce sont les premières nefs françaises ou quasi françaises sur la construction et la manœuvre desquelles il y ait des données parfaitement certaines. Nous ne devons cette parfaite certitude historique ni à un ingénieur, ni à un marin, ni à un pilote quelconque. Nous la devons à une femme, à la princesse Mathilde, qui, dans cette magnifique tapisserie soigneusement conservée à Bayeux, et connue dans le monde artistique sous le nom de *tapisserie de Bayeux*, retraça soigneusement, avec les dames de sa suite, le scrupuleux détail des vaisseaux sur lesquels son mari était allé conquérir la Grande-Bretagne.

Les nefs normandes combattaient de front et sur une seule ligne. Après le premier choc, lorsque l'ordre de la bataille était rompu, au tir des flèches succédait l'abordage au moyen des grappins et des *mains de fer (ferreis manibus)*.

Les Normands naviguaient en observant les courants, les vents et les astres, et en ne se risquant guère que pendant la belle saison.

Guillaume mit à la mer le 27 septembre 1066, en plein équinoxe. Avec une marine comme la sienne, c'était la plus grande imprudence qu'il pût commettre. Mais qui songerait à la lui reprocher, puisque le succès lui donna raison, et que dans la soirée du 28 sa flotte entière s'arrêtait à quelques milles d'Hastings, ayant eu, comme dit Robert Wace, *bon oré* et *bon vent?*

Cinquante-quatre ans plus tard, son fils, Henri Beauclerc, était moins heureux. Après une longue guerre avec le roi de France Louis le Gros, il avait hâte de retourner en Angleterre. Il courut s'embarquer à Barfleur, où l'attendait une terrible infortune. Déjà l'on partait, quand vint le patron de la *Blanche-Nef*, un marin, nommé Thomas, dont le père avait conduit Guillaume, et qui réclamait le même honneur auprès de son fils. Henri lui confia toute sa famille, et la *Blanche-Nef* sortit du port, lancée par cinquante vigoureux rameurs : c'était donc plutôt une galère qu'un bateau normand proprement dit. Toute cette jeunesse royale ne respirait que joie, plaisirs, chants et fêtes. Ils avaient chassé avec de grandes huées les prêtres venus pour bénir le navire. Henri avait distribué trois muids de vin aux matelots, qui étaient tous ivres en partant, et Thomas lui-même plus que les autres. Comme ils faisaient force de rames pour dépasser la galère royale, Thomas, qui tenait le gouvernail d'une main mal assurée, laissa arriver sur un rocher que recouvrait la marée montante; deux planches furent enfoncées, et ce fut assez pour que la *Blanche-Nef* sombrât en un instant. Guillaume Atheling, qui avait sauté dans la chaloupe, voulut atteindre Mathilde, femme de Henri et sa propre sœur; mais tous les seigneurs se précipitèrent à la fois dans le frêle esquif, qui s'enfonça en engloutissant la suite royale. Il n'y eut que deux hommes, un boucher de Rouen et un jeune chevalier, qui s'accrochèrent à la grande vergue et surnagèrent. Thomas, lui aussi, revint à la surface; mais quand il apprit des deux autres le sort funeste du prince fils du roi, il s'abandonna volontairement à la mort et disparut sous les flots. Au milieu de la nuit, le jeune chevalier se laissa aller à son tour d'épuisement et de froid. Le matin, trois pêcheurs qui passaient dans leur barque aperçurent Béraud, le boucher, qui se cramponnait encore à la vergue, préservé des atteintes de l'air et de l'eau par l'épaisseur de sa peau de mouton. Ce fut par lui que l'on apprit l'épouvantable désastre.

Le premier jour, personne n'osait aborder le roi. Enfin, l'on envoya un enfant, qui se jeta à ses pieds et lui raconta tout. Henri tomba à la renverse *comme un homme mort*. De cette nombreuse famille, une fille restait, mariée à l'empereur Henri V. Quant au roi d'Angleterre, « il garda le deuil un grand nombre de jours, » raconte un historien du temps ; et depuis ce moment, on ne le vit plus jamais rire (1).

DE SAINT LOUIS A LOUIS XIV.

Au xiiie siècle, d'importantes modifications apparaissent dans l'art naval français. La flotte qui conduisit saint Louis en terre sainte fournit des types de navires ncore inconnus, et construits tant à Gênes qu'à Venise, en Normandie ou à Marseille. D'ailleurs, il est incontestable, dit M. Jal (2), que les bâtiments construits dans les ports de France ne différaient guère par la forme des navires étrangers. Nous pouvons donc con-

---

(1) Dans son ouvrage intitulé : *La Normandie*, M. H. Frère a longuement raconté le naufrage de la *Blanche-Nef*.

(2) *Archéologie navale*, tome III, p. 353.

fondre sans scrupule tous ces vaisseaux d'une même flotte, sans nous arrêter à leur origine spéciale. Ils portaient tous le nom et les armes de la France. A ce titre, ils constituaient tous la marine française de saint Louis, et nous devons nous en occuper.

Le caractère général de la construction navale au XIIIe siècle, c'est la rondeur des navires. La quille avait quelquefois plus de 80 pieds de longueur ; et la longueur totale du navire, de l'étrave, pièce principale de l'avant, à l'étambot, pièce principale de l'arrière, atteignait 120 pieds et plus. Trois grands navires, *la Roche-Forte*, *la Sainte-Marie*, *le Montjoie*, que montait le roi de France en personne, nous serviront de modèle.

La coque était de 26 pieds. La proue et la poupe, relevées à l'avant et à l'arrière en formes arrondies, portaient des castels de 13 pieds de haut.

D'un bout à l'autre du bâtiment, un plancher construit à 12 pieds de la quille séparait le fond de l'entrepont et formait la cale, où se mettaient le lest et les provisions les plus pesantes. Entre ce premier plancher et le plancher supérieur, un espace de 6 pieds était réservé à l'entrepont. Puis, tout au haut, deux demi-planchers régnant le long du bord laissaient un vide où l'on plaçait les barques, et formaient de chaque côté de ce vide deux allées couvertes, protégées dans leur partie supérieure par un rempart crénelé, la *brétèche*, et appelées quelquefois *corridors*, aujourd'hui *passavants*, parce qu'ils servent à passer de l'arrière à l'avant. Même encore sur les vaisseaux modernes, ils ont été conservés, réunis dans toute leur largeur en un seul plancher. Au XIIIe siècle, ils ne redevenaient continus qu'à l'avant, et à l'arrière abritaient la chambre de parade et la chambre des passagers, et formaient, en même temps que le plafond de ces cabines, le plancher du pont. La *banne* et la *surbanne* surmontaient le *paradis*. C'étaient deux réduits couverts d'un large toit supporté par des poteaux. Enfin, à la hauteur de la banne, un balcon appelé *boulevard* régnait tout autour de la poupe, et permettait de circuler de babord à tribord, c'est-à-dire de gauche à droite ; car nous sommes censés ne pas connaître encore le vocabulaire maritime.

Deux mâts d'une hauteur à peu près égale à la longueur du navire portaient une grande voile *latine*, c'est-à-dire triangulaire, attachée par l'hypothénuse à une vergue extrêmement longue et légèrement recourbée. La hune était alors une *gabie* : la gabie était un panier placé au sommet du mât, un peu au-dessous du pavillon.

On y plaçait une sentinelle appelée *gabier*. Le gouvernail était double, l'un à babord, l'autre à tribord. On préférait ordinairement les voiles de coton. Depuis longtemps les voiles de cuir avaient disparu.

Tels étaient les navires qui portèrent saint Louis en terre sainte. Ils étaient munis de chaloupes, de barques plates et d'un certain matériel de débarquement.

C'est à Damiette qu'aborda la flotte. Le rivage était couvert d'une foule innombrable rangée en bataille sur le bord de la mer, toute brillante du feu des armures, des casques et des lances, et commandée par le soudan, dont la cotte avait l'éclat du soleil, raconte Joinville. Les trompes et les grosses timbales des Sarrasins remplissaient l'air d'un bruit effroyable. Le lendemain, dès la pointe du jour, on descendit dans les chaloupes et les bateaux plats, et les troupes s'ébranlèrent en trois corps au milieu d'une grêle de flèches. Les bateaux du milieu, où commandait Joinville, prirent bientôt l'avance. On lui criait de régler sa marche sur celle du bateau qui portait l'oriflamme, mais il fit force de rames, et, sautant le premier à terre, rangea ses gens en bataillon serré, les écus fichés en terre, et la pointe des lances en avant. Pendant qu'il soutenait bravement le choc de la cavalerie égyptienne, la flottille de gauche abordait, commandée par le comte de Jaffa, qui vint rejoindre Joinville, et les gens du roi prirent enfin terre à leur tour avec la bannière de Saint-Denis. Quand Louis aperçut tant de gens débarqués et l'oriflamme plantée dans le sable, il ne put attendre que les rameurs l'eussent mis à bord et se jeta à la mer, le glaive au poing, ayant de l'eau jusqu'aux épaules. L'attaque fut vive, Damiette ouvrit ses portes au vainqueur, et saint Louis commença immédiatement la première partie de cette œuvre colossale déjà tentée avant lui : la conquête des lieux saints sur les infidèles ; la croisade la plus méritoire à coup sûr aux yeux de Dieu, la plus sublime aux yeux des hommes, parce qu'elle était conduite par un roi dont l'Eglise a pu faire un saint, et dont Joinville avait pu dire : « Il aima Dieu de tout son cœur et agit en conformité de son amour. »

L'invention de la poudre à canon n'apporta pas de changement sensible dans la construction navale. Ce ne fut qu'en 1410 qu'un Français, nommé Descharges, pratiqua sur le flanc des bâtiments, le long des corridors dont nous venons de parler à propos du *Montjoie*, des ouvertures appelées *sabords*, par lesquelles on fit passer la gueule des canons. Le dessus des châteaux restait garni de bombardes ou de couleuvrines, qui pouvaient servir de pièces de chasse.

Dès lors apparaissent dans le corps des navires des désignations que nous avons conservées au vocabulaire contemporain. La batterie basse remplaça l'entrepont, et l'entrepont désigna la partie du navire située entre le faux pont et la batterie basse sur le *Montjoie;* la batterie supérieure était celle des corridors. Enfin le faux pont était un plancher volant établi au-dessous de la *couverte* ou pont inférieur. Les différents étages des châteaux furent garnis aussi d'embrasures.

Les *caraques* parurent à la même époque. En 1545, la caraque française appelée le *Caraquon* était considérée comme le plus beau navire et le meilleur voilier de la marine française : il faisait la guerre et le commerce, jaugeant 800 tonneaux et muni de 100 pièces d'artillerie de fort calibre. Les caraques portaient ordinairement deux mâts, quelquefois trois et même quatre. Les voiles latines furent abandonnées et remplacées par deux voiles carrées, l'une basse et grande, l'autre plus petite et placée au-dessus. Ces voiles étaient fixées sur une vergue horizontalement suspendue au mât, aux deux tiers de sa longueur. Les câbles attachés aux *points* de la voile prirent le nom définitif d'*armures* à l'avant, et d'*écoutes* à l'arrière.

La *gabie* devint alors la *hune,* forcée qu'elle était de descendre au milieu du mât pour laisser la place à la voile supérieure, qui prit le nom de *trinquet de gabie* ou de *hunier.*

C'est la première fois que nous rencontrons la voile carrée, et nous devons dès à présent en examiner la manœuvre. Des écoutes se passaient dans de petites poulies à l'extrémité de la vergue inférieure, revenaient le long de cette vergue, passaient dans une même poulie, et descendaient parallèlement au mât jusque sur le pont. C'était et c'est encore ce qu'on appelle *border le hunier* que de haler sur ces écoutes, et de produire en haut la tension des huniers par les extrémités de la voile, par les points.

Une fois le hunier bordé, il faut le tendre, non plus dans le sens horizontal, mais dans le sens vertical. Les lès de la toile sur lesquels s'opère cette tension s'appellent les *ralingues* de côté ou de chute. Or, pour roidir les ralingues de côté, on hale d'en bas sur un câble appelé *drisse*, qui passe au sommet du mât dans un *clan* qui n'est autre qu'un trou vertical, et redescend s'amarrer sur la vergue du hunier. La vergue, sollicitée du haut en bas, monte le long du mât auquel elle est retenue par un collier de bois appelé *racage*.

Opérons le mouvement contraire. Au lieu de tendre nos voiles, supposons l'arrivée d'un grain sur la *caraque* où nous étudions la manœuvre et *parons à carguer le hunier*. *Larguons* ou lâchons la *drisse* : la vergue du hunier descend sur la basse vergue. Larguons les écoutes : le hunier n'est plus tendu ni verticalement, ni horizontalement; il flotte au gré des vents sans leur opposer la résistance de sa surface.

Ce n'est pas tout; le carguage reste à faire. Halons alors sur les *écoutes* amarrées aux points de la voile, passée par son arrière dans une poulie au milieu de la vergue, et pendant de là sur le pont; les points sont relevés au centre de la vergue.

Halons encore les *cargues fonds*, c'est-à-dire les cargues fixées au milieu de la ralingue de bordure, au lès de la voile, les cargues fonds relèveront encore la voile sur l'avant, et lui feront prendre la forme d'un triple ballon dans lequel l'action du vent sera presque nulle.

Si nous avons insisté sur cette manœuvre, c'est, 1° qu'elle est adaptée à toute espèce de voile carrée, et 2° qu'elle est usitée même encore.

Nous n'avons pas à parler des caravelles de Christophe Colomb (les jonques chinoises de nos jours en sont une copie presque fidèle); leur description appartiendrait à l'histoire de la marine espagnole, et nous avons hâte d'arriver à la *Cordilière* et à la *Couronne*.

La *Cordilière*, construite sur la rivière de la Vilaine, par les ordres d'Anne de Bretagne, était un grand vaisseau de 75 bouches à feu, dont plusieurs sur affût. A peine lancée, elle rencontra le *Sovereign*, vaisseau anglais construit à Woolwich, l'incendia, s'accrocha à lui et périt elle-même dans le désordre de l'embrasement.

Au xvii⁰ siècle, la *Couronne*, le plus beau vaisseau de ce temps, nous donne une idée complète des perfectionnements de l'art naval.

Cinq mâts, dont un oblique, supportaient sa voilure. Quoique d'un seul jet, d'une seule venue, les quatre mâts verticaux étaient divisés en trois étages par des hunes rondes et massives. Aux deux mâts de l'avant, trois vergues horizontales; aux deux mâts de l'arrière, trois antennes inclinées croisaient la mâture.

Les voiles élevées au-dessus des *trinquets de gabie* , des huniers, furent nommées par les Anglais *gallant sails* (voiles hardies) ; par les Français , *perroquets*, en raison sans doute de l'analogie de la vergue en croix au haut d'un long mât, avec le bâton où perchent ces oiseaux.

Chacune des trois divisions du mât était maintenue contre l'effort du vent dans les voiles par des *haubans* , forts cordages qui font partie des *manœuvres dormantes*, et qui, partant du sommet de ce mât , vont se roidir, ceux de l'étage inférieur sur de petites galeries latérales à l'extérieur du bâtiment (*les porte-haubans*), et ceux des divisions supérieures sur le bord des hunes placées à leur base.

De petites cordes nommées *enfléchures* , croisant les haubans de pied en pied, servent d'échelons pour grimper dans la mâture.

La tête des mâts, que leur longue élévation fait fouetter dans les brusques mouvements du tangage, a besoin d'être retenue ; les *étais* les assujettissent à l'avant. On peut suivre sur notre *Couronne* l'installation des manœuvres dormantes, voir les étais partant de la tête des bas mâts, se fixer au pied de celui qui les précède : ceux de hune, à la première gabie ; ceux de perroquet, à la seconde hune. On remarquera que les colliers par lesquels les étais et les haubans embrassent les mâts, les *capelages*, sont toujours au-dessus de la vergue correspondante, pour que celle-ci puisse descendre quand on veut carguer et serrer la voile.

Les manœuvres courantes n'y sont pas moins complètes : *bras* pour *orienter* les vergues, *drisses* pour les élever, *balancines* pour en soutenir les bouts, *écoutes* pour retenir les *points* des voiles, *cargues* prêtes à les retrousser ; tout ce gréement, dont nous faisons usage, se trouve déjà employé sur le vaisseau de 1510.

On raconte que la duchesse de Rohan ne manifesta que par cette phrase un peu simple l'impression que dut produire sur elle l'aspect de ce magnifique navire : « Comment toute une forêt du duc a-t-elle pu être employée à une si petite *bâtisse ?* »

Cette petite bâtisse excite notre admiration, et la richesse et l'ensemble grandiose de ces œuvres de nos devanciers nous semblent préférables à la monotone simplicité des navires qui peuplèrent nos mers jusqu'à l'apparition des *cuirassés.*

Cependant, les idées progressives prenant chaque

jour plus d'étendue, la *Couronne*, ce modèle de construction navale, reçut lui-même des perfectionnements. Son *château d'avant* présenta une face plane, et la poulaine se forma par l'adjonction de courbes gracieuses qui venaient se réunir à l'extrémité de l'éperon. Son dôme, son quart de pont et le quatrième mât droit, celui de l'arrière, disparurent. Un mâtereau s'implanta sur la hune du mât oblique de l'*avant* et servit à hisser une voile carrée, le *perroquet de beaupré*. En dessous encore, une vergue, la *civadière*, fut placée en travers ; sa voile, toute proche de la mer, ne pouvait cependant avoir qu'une faible action. Les autres mâts, jusqu'alors d'un seul brin, malgré leur division en trois étages, furent fractionnés en trois parties, qui, s'ajoutant l'une à l'autre, purent se remplacer plus facilement en cas d'avaries.

On sait déjà que le bas mât se termine par un *tenon* carré ; sur ce tenon, un plateau de bois, le *chouquet*, cerclé en fer, est adapté et percé d'un trou rond dans lequel passe le mât de hune. Le mât de hune, à son tour, après s'être fait jour dans le pied par l'intervalle carré que laissent entre elles les barres soutenant le plancher de la hune (cet intervalle est nommé cheminée), devient la continuation intime du bas mât. Une pièce de fer dont les deux bouts sont appuyés sur les barres est passée dans le pied du mât, lorsqu'il est dressé à hauteur convenable , et l'empêche de descendre. De même pour le mât de perroquet.

Des *haubans* fixés au bord de la hune correspondante, des *galhaubans* descendant jusque dans les *porte-haubans* des bas mâts, retiennent chacun des mâts additionnels. Le mât de l'arrière, qui a pris en France le nom d'*artimon* , portait encore une voile latine , l'*ourse ;* au-dessus de cette voile, il reçut un hunier carré nommé *perroquet de fouque.*

Allégée dans ses hauts par les diverses suppressions que nous venons de signaler , sa voilure devait s'agrandir. Bientôt ses mâts furent allongés, et les huniers devinrent les voiles importantes du navire.

C'est avec de semblables bâtiments que Richelieu livra bataille à la flotte anglaise devant la Rochelle.

Le 7 octobre 1627, le vent ayant tourné au nord-ouest, la flottille française rassemblée par Richelieu de tous les ports de l'Océan et de la Manche, put mettre à la voile du havre des Sables d'Olonne vers huit heures du soir, ayant pour mot d'ordre : « Vive le roi ! Passer ou mourir. »

Une relation contemporaine, intitulée : *Les Deux Siéges de la Rochelle*, nous montre dans un style naïf et piquant quels étaient alors, outre les vaisseaux principaux dont nous venons de décrire le type, les bâtiments secondaires ou accessoires composant alors la marine française.

« Le capitaine Maupas, dit l'auteur de cette relation, bien connaissant les terres comme étant du pays , et repassé depuis huit jours dans une seule barque au milieu des ennemis avec M. le marquis de Grimaud, mena l'avant-garde. Suivait après le corps en forme de bataille, composé de dix *pinasses ;* à la queue y avait douze *traversins* comme plus forts et plus *grands*. En l'arrière-garde était le *flibot* du sieur Marsillac, bien armé et munitionné. »

Le flibot était un petit navire à deux mâts, à fond plat, à carène renflée , ayant l'arrière rond et haut, jaugeant moins de 100 tonneaux. On s'en est servi longtemps pour faire la course ou pour exercer la piraterie ; d'où le nom de flibustiers.

« En cet ordre, le plus près qu'ils pouvaient les uns des autres, ils allaient côtoyant la grande terre pour n'être point vus par les vedettes des ennemis.

« Or, il arriva que, comme cette flotte allait cinglant à pleine voile et que l'on croyait être déjà devant Saint-Martin, Dieu fit cesser le vent tout à coup, en telle sorte qu'il fallut demeurer près de deux heures sans pouvoir aller ni à droite ni à gauche. Alors chacun, tout étonné et croyant demeurer à la merci des ennemis, si le jour les surprenait, se mit à prier Dieu, faisant vœux et prières, et se recommandant à la Vierge, lui faisant vœu, au nom du roi, de lui faire bâtir une église sous le nom de Notre-Dame de Bonsecours, s'il lui plaisait envoyer le vent favorable : Soudain ils furent exaucés, car le vent se rafraîchit, en sorte que chacun ayant repris sa piste et son ordre en moins de demi-heure, ils virent le feu que M. de Toiras faisait faire en sa citadelle. Là, quittant le côté de la tranche, chaque pilote regardant sa boussole, ne pensant plus qu'à passer courageusement, on entra dans la forêt des navires anglais. Les premières sentinelles les laissèrent passer sans dire mot; après que tout eut passé, ils commencèrent à les envelopper et canonner si furieusement, que l'on eût dit que c'était de la grêle. Cependant les chaloupes et galiotes des ennemis vinrent après pour les agrafer, en sorte que ceux qui étaient à la grande terre croyaient tout perdu, comme aussi il y avait de l'apparence ; au contraire, M. de Toiras, espérant toujours bien du bonheur du roi et de la France, ayant le bruit de tant de caronades de part et d'autre, fit redoubler les feux sur les bastions.... A ce moment, quatre chaloupes et un *heu* d'Angleterre vinrent aborder la barque du capitaine Maupas. »

Le *heu* était un bâtiment à fond plat qu'on employait et qu'on emploie encore à faire le cabotage dans la mer du Nord et la Manche. Il est d'un petit tirant d'eau, et porte un grand mât, une trinquette, un foc et un petit mât à l'arrière.

« Le capitaine Maupas, ayant disposé ses mousquetaires et piquiers, donna l'ordre à ceux qui devaient tirer ses pierriers et canons et jeter les feux d'artifice, fit tenir chacun à son poste et défendit qu'on tirât qu'il ne l'ait commandé. Aussitôt les ennemis abordèrent, criant : « Amène, amène ! » Maupas, son pistolet d'une main et le *capabod* de l'autre, crie : « Tire ! » lâchant son pistolet. Alors toute son artillerie déchargea. Après on vint aux mains, et feux d'artifice furent jetés de part et d'autre.... Mais voici que d'autres difficultés se présentèrent, car les ennemis tenaient de grands mâts de vaisseaux attachés les uns aux autres, et force grands bois et cordages de vaisseau en vaisseau, pour empêcher le passage. Mais, au lieu de perdre courage, chacun mit la main au coutelas pour couper les câbles, et avec piques et hallebardes faire enfoncer les mâts et bois qui les empêchaient. Et par malheur, Coussage, contre-maître et lieutenant de Maupas, ayant coupé avec son tarrobat un grand câble qui empêchait le passage de leur barque, ce câble tomba et s'embarrassa dans le gouvernail de la barque de Rasilly, et par une secousse de mer, d'une grande impétuosité, l'entraîna contre la recuberge où ce câble était attaché, où soudain il fut accroché et investi par une douzaine de chaloupes anglaises; et après un grand combat, voyant qu'il lui était impossible de plus résister, commanda plusieurs fois qu'on mît le feu aux poudres pour ne tomber entre les mains des ennemis, à quoi on ne voulut obéir. Laguette, gentilhomme nourri page de la reine d'Angleterre, fendit un de ses ennemis auparavant que de se rendre. Enfin, il fallut céder à la force et prendre la composition que les Anglais lui offrirent; savoir, 10,000 écus que M. de Rasilly leur promit pour lui et tous ses compagnons. »

Pendant ce temps, les autres barques françaises franchissaient la ligne anglaise, arrivaient sous les murs de la place, y entraient et préparaient les voies de Louis XIII, qui vint y faire lui-même une entrée triomphale quelques jours après.

DE LOUIS XIV A LOUIS-PHILIPPE.

La plupart des vaisseaux que Louis XIV fit construire, et qui furent l'une des gloires de son règne, présentent, dans leurs lanternes dorées couronnant les angles et le milieu de la poupe, leurs balcons élégamment sculptés et entourant les étages, une analogie marquante avec la splendide *Couronne* dont nous avons cherché à décrire l'ensemble avec fidélité.

On comprend qu'à la suite de pareils perfectionnements, la marine des galères perdit tout à fait son importance ; les Français, d'ailleurs, n'avaient que très-peu et que très-spécialement employé ce moyen de navigation et de combat naval. Dans la Méditerranée seulement, la France entretenait quelques galères que manœuvraient ses forçats ; mais sur l'Océan et dans nos ports de la Manche, il fallait de puissants et solides navires, capables de résister aux grands coups de vent, et les vaisseaux comme la *Couronne*, et plus tard comme le *Soleil-Royal*, de 90 canons, sous Louis XIV, furent les seuls connus, les seuls mis en usage par nos marins.

Seignelay était alors ministre de la marine. Il agrandit le port de Brest, créa Toulon, son arsenal et son matériel, améliora singulièrement la place de Dunkerque et celle de Rochefort, établit la compagnie des gardes maritimes, leva 100,000 matelots parmi les marins des côtes, les fit monter sur une flotte de 200 vaisseaux, et la confia à Duquesne, pour aller bombarder Alger.

Ce fut dans ce bombardement qu'apparut pour la première fois le mortier. Voltaire, dans son *Siècle de Louis XIV*, s'en étonne comme d'une invention vraiment extraordinaire. « Cet art funeste, dit-il, mais admirable, est celui des galiotes à bombes avec lesquelles on peut réduire des villes maritimes en cendres. Il y avait un jeune homme nommé Bernard Renaud, connu sous le nom de Petit-Renaud, qui, sans avoir jamais servi sur les vaisseaux, était devenu un excellent marin à force de génie. Colbert, qui déterrait le mérite dans l'obscurité, l'avait souvent appelé au conseil de marine, même en présence du roi. C'était par les soins et d'après les lumières de Renaud, que l'on suivait depuis peu une méthode plus régulière et plus facile pour la construction des vaisseaux. Il osa proposer, dans un conseil, de bombarder Alger avec une flotte. On n'avait pas l'idée que des mortiers à bombes puissent n'être pas posés sur un terrain. La proposition révolta. Il essuya les contradictions et les railleries que tout inventeur doit attendre ; mais la fermeté et cette éloquence qu'ont d'ordinaire les hommes vivement frappés de leur invention, déterminèrent le roi à permettre l'essai de cette nouveauté. Renaud fit construire cinq vaisseaux plus petits que les vaisseaux ordinaires, mais plus forts de bois , sans pont, avec un faux tillac à fond de cale, sur lequel on maçonna des creux où l'on mit les mortiers. Il partit avec cet équipage, sous les ordres du vieux Duquesne , qui s'était chargé de l'entreprise et n'en attendait aucun succès. Duquesne et les Algériens furent étonnés de l'effet des bombes : une partie de la ville fut écrasée et consumée. »

Duquesne n'était pas le seul grand capitaine de Louis XIV. Tourville , lui aussi, fit parler, dans la Manche et dans l'Océan, de la bravoure de son âme et de l'habileté de sa tactique navale. C'est lui qui fut con-

traint, avec 45 vaisseaux, d'attaquer 97 vaisseaux anglais. Le cas était grave. Il réunit les capitaines, et leur
dit ces simples paroles : « Messieurs, ordre du roi d'attaquer fort ou faible. » Jamais la marine française ne
s'est montrée plus grande que dans cette terrible journée. Le 29 mai 1692, au soir, pas un vaisseau français
n'avait amené son pavillon ; l'ennemi, au contraire,
était décimé. Mais si la bataille avait été splendide, la
retraite fut désastreuse : le 30 et le 31, la brume sur-
vint, et 15 de nos vaisseaux allèrent s'échouer sur la
pointe de la Hogue. En apprenant ce désastre, Louis XIV
s'écria : « Tourville est-il sauvé ? Car, pour des vaisseaux, on en peut trouver ; mais un officier, on n'en
trouverait pas aisément comme lui. »

C'était à l'amélioration de ces beaux vaisseaux que
se consacraient les efforts des ingénieurs et des hommes
pratiques. Il y avait encore beaucoup à faire pour arriver à la sécurité et à la rapidité de la marche. Les canonniers n'étaient guère abrités, le recul des canons les
gênait, l'intérieur des ponts était défectueux et mal disposé pour les mouvements du tir.

Pour remédier à ces inconvénients incontestables, et
incontestés d'ailleurs par les hommes du temps, il fallait

plus que l'effort individuel des hommes spéciaux, il fallait l'intervention de la loi. En 1673, parut un règlement qui ordonna qu'à l'avenir les *façons de l'arrière* seraient continuées en courbe suivie jusqu'à la hauteur du pont de la première batterie. De cette façon, la masse liquide vint frapper plus directement le gouvernail, qui fut amené dès lors à des proportions plus restreintes.

La direction des navires gagna singulièrement à ce changement. Restait à développer la vitesse de la marche ; car la direction et la vitesse tiennent l'une à l'autre par de très-étroits rapports. Un *virage*, c'est-à-dire le mouvement de gauche à droite ou de droite à gauche, opéré par un navire qui veut tourner, comme une voiture sur une route, se fait avec une rapidité remarquable, suivant une courbe d'autant plus sensible que sa vitesse acquise est plus grande.

Aussi, vers le XVIIIe siècle, les *bonnettes* deviennent d'un usage général. Ce sont des voiles plus longues dans le sens vertical que dans le sens horizontal, et que l'on place à côté des grandes voiles carrées, de telle sorte qu'elles semblent en être le prolongement. Elles sont enverguées sur un bout de vergue appelée *espar* et retenues par leurs points à la saillie d'une autre vergue inférieure qui fait saillie comme l'*espar*, et qui prend le nom de *boute-hors*.

Les *boute-hors* des bonnettes basses, correspondant aux voiles basses, sont tenus par le bord d'une vergue que retient une manœuvre à deux branches, la *patte d'oie de bonnette basse*, qui vient de l'arrière du bâtiment.

Des voiles auriques furent dressées le long des côtés des mâts.

Le beaupré s'allongea et supporta deux ou trois longues voiles auriques appelées *grand foc* et *petit foc*. Le câble qui le soutient du haut du mât de misaine (le mât de l'avant) aux différentes parties du beaupré, s'appela *draille*.

Au-dessus de la voile de perroquet parut la voile de *cacatois*, et la brigantine remplaça la voile à grande vergue oblique au mât d'artimon.

En 1760, les états de Bourgogne construisirent le magnifique vaisseau *l'Océan*, et l'offrirent à Louis XV. Il n'y a pas longtemps encore que *l'Océan* est rayé de la liste de la flotte. Il est mort pour ainsi dire de vieillesse, après avoir subi plusieurs transformations successives, à mesure que de nouveaux perfectionnements appor-

taient à l'art naval de nouvelles ressources de marche et
de combat

Au moment où il fut construit, son éperon recourbé
rasait la mer ; la muraille s'arrêtait à la hauteur des
passavants, sur le bord desquels les matelots pliaient,
pendant le jour, leurs hamacs. Cette garniture prit le
nom de *bastingages,* et servait à amortir le choc des
boulets. Le beaupré portait deux *civadières,* c'est-à-dire
deux vergues posées à angle droit, portant deux petites
voiles carrées.

Pendant la guerre d'Amérique, on supprima ses deux
châteaux ; et l'amiral Villaret-Joyeuse, au fameux combat du 13 prairial, lui fit jouer, sous les couleurs tri-
colores, un rôle audacieux et à jamais glorieux. On
sait comment l'escadre de Brest était sortie sous ses
ordres, mais seulement pour protéger le convoi de
vivres qui devait arriver d'Amérique ; on n'a pas oublié
non plus comment, à la vue de la flotte anglaise, tous
les équipages demandèrent le combat en poussant des
cris d'enthousiasme ; et l'on excuse l'amiral de l'avoir
permis. Jean-Bon Saint-André, représentant du peuple,
donna lui-même l'autorisation attendue, et ces marins
inexpérimentés qui sortaient à peine des champs, où ils

n'avaient jamais fait que cultiver la terre, se préparèrent avec une ardeur toute patriotique à lutter contre la vieille marine anglaise. Vers le soir du 9 prairial, un vaisseau de l'arrière-garde, *le Révolutionnaire*, qui avait diminué ses voiles, se trouva engagé contre les Anglais, fit une résistance opiniâtre, perdit son capitaine, et fut obligé de se faire remorquer à Rochefort. La nuit empêcha l'action de devenir générale.

Le 10, un engagement eut lieu entre les deux flottes. Nous y gagnâmes deux vaisseaux et le champ de bataille.

Le 11 et le 12, la brume enveloppa Français et Anglais.

Enfin le 13, un soleil éclatant annonça l'une des journées les plus mémorables dont l'Océan ait été témoin. L'action commença à neuf heures du matin. L'amiral Howe s'avança, pour couper notre ligne. L'*Océan*, qui s'appelait alors la *Montagne*, fit une fausse manœuvre, et les Anglais purent isoler notre gauche en l'accablant de toutes ses forces. Villaret-Joyeuse rallia notre droite et notre avant-garde, et voulut se reporter sur l'escadre anglaise; mais il avait perdu l'avantage du vent, et il resta cinq heures sans pouvoir se rapprocher du champ de bataille. Pendant ce temps, les vaisseaux engagés se battaient avec un héroïsme extraordinaire.

Les Anglais, supérieurs dans la manœuvre, perdaient leur avantage dans les luttes de vaisseau à vaisseau, trouvaient des feux terribles et des abordages formidables. C'est au milieu de cette action acharnée que le vaisseau *le Vengeur*, démâté, à moitié détruit et près de couler, refusa d'amener son pavillon et s'abîma sous les eaux aux cris de vive la France ! Les Anglais cessèrent les premiers le feu et se retirèrent, étonnés d'une pareille résistance. Quant à la *Montagne,* les avaries que lui causa cette lutte acharnée furent cause d'une nouvelle transformation.

La dunette fut à peu près rasée, et ne dépassa pas le mât d'artimon.

Ce fut le *gaillard d'arrière.*

Entre le mât de misaine et l'étrave, le dernier vestige des châteaux d'avant, diminué jusqu'à la hauteur des bastingages, prit le nom de *gaillard d'avant.*

« Le seul vestige de son origine, dit M. Pacini, c'est sa rentrée, son rétrécissement par le haut. »

Sous l'Empire, l'armement *en course* devint formidable. Le vrai corsaire, homme d'honneur, quoique soldat irrégulier, montait un lougre, un côtre, un chasse-marée, qui sortait à l'improviste de chaque havre, de chaque baie. Le plus hardi, le plus célèbre des corsaires de ce temps fut Surcouff, le Breton que le désir de s'enrichir et d'obtenir ainsi la main d'une riche et belle compatriote jeta dans une profession qu'il a si bien honorée. C'est en 1796 que Surcouff, monté sur un petit corsaire armé par plusieurs jeunes gens de l'île de France, fit voile pour les mers de l'Inde, où la *course* ne tardait pas à présenter de fécondes prises à ceux qui s'y livraient. A l'embouchure du Gange, un *pilot boat*, plusieurs bâtiments marchands anglais, furent saisis par lui. Monté alors sur le schooner qu'il venait de conquérir, n'ayant que ses dix-neuf hommes pour armée, il s'empara bientôt du *Triton*, vaisseau de la Compagnie des Indes, portant cent cinquante marins européens, et armé de vingt-six canons de douze. Le combat qui s'engagea sur le pont fut terrible et proportionné à l'audace inimaginable de celui qui l'avait osé entreprendre : le capitaine anglais et dix de ses hommes sont tués dès l'abord, cinquante sont blessés, et Surcouff ne voit tomber que trois hommes parmi ses vaillants compagnons. La fortune continue à le favoriser. Monté sur le *Triton*, qu'il conduit à l'île de France, il donne la chasse à trois vaisseaux de la Compagnie des Indes, et les saisit en montrant, dans l'un des combats qu'il livre à ces formidables adversaires, l'humanité d'un vrai brave, et défendant contre l'un de ses sauvages la vie d'un jeune midshipman qui avait cherché refuge dans ses bras.

Mais Surcouff, au moment de son départ pour les mers de l'Inde, avait quitté l'île de France sans se munir des lettres d'autorisation qui légalisaient ses prises. A son retour, le *Triton* fut confisqué ; les marchandises dont il s'était emparé furent vendues au profit de la colonie, et il allait perdre le fruit de ses vaillantes courses, lorsque, sur la demande des autorités de l'île de France, le Directoire obtint du Corps législatif qu'il fût fait don au jeune corsaire, à titre de récompense nationale, de la valeur de ses prises. Un million sept cent mille francs lui furent alors versés, et, riche plus encore qu'il ne le fallait pour satisfaire le père de celle qu'il aimait, il partit et l'épousa bientôt. Il se retira à Saint-Malo en 1813, et y demeura jusqu'à sa mort.

Niquet, dont la célébrité égale presque celle de Surcouff, était comme lui brave jusqu'à la témérité. On sait le combat qu'il soutint, avec son lougre *le Spécu-lateur* et ses quatre canons, contre un corsaire anglais qui cachait, sous les apparences pacifiques d'un bâti-ment marchand, ses lettres de marque et ses dix-huit canons. Lorsque Niquet, qui l'avait d'abord poursuivi comme navire marchand, s'aperçut de son imprudente méprise : « Voulez-vous, mes enfants, dit-il à son équi-page, tenter cette lutte ? — Oui, dirent les hommes tout d'une voix. — Eh bien ! à plat ventre tous ! Et quand je vous dirai : « Debout ! » ça voudra dire : « Le navire « est à nous ! »

Niquet, seul sur le pont, s'avance à toutes voiles ; il accoste ; le *debout !* est prononcé, l'abordage se fait, et le corsaire anglais est vaincu.

Mais Niquet, égal à Surcouff en bravoure et en habi-leté, était loin de lui ressembler en d'autres points. Quand ses prises lui avaient apporté de quoi mener la vie joyeuse et dissipée qu'il aimait, il restait à terre, se livrait à des orgies perpétuelles, et ne songeait à s'em-barquer de nouveau que lorsque ses besoins d'argent l'y poussaient.

Il fut pris vers la fin de la guerre sur sa goëlette *la Miquelonnaise*, avec laquelle il avait donné dans la croisière anglaise sur les côtes de Bretagne ; mais il ne se rendit qu'après une longue et énergique résistance. Il avait déjà fait rentrer dans les ports de la Manche pour 1,600,000 fr. de prises.

Cependant les puissances maritimes en guerre n'ont pas toujours compté uniquement sur leurs corsaires pour affaiblir l'ennemi.

Les machines infernales d'Anvers et de Saint-Malo furent de puissants moyens de destruction et sont restées célèbres. Celle du fort Fisher, d'une invention plus récente, était due à un ingénieur nommé Frédéric Genebelly, qui, chargé de détruire un pont sur l'Escault, s'associa avec un ingénieur d'Anvers et construisit une véritable machine infernale, qui faisait dire à un chroniqueur du temps que « le diable en personne en avait sûrement conçu le dessein. » Les résultats en furent merveilleux ; mais comme ils ne touchaient pas la France, nous ne nous étendrons point sur cette remarquable invention. Quant à celle de Saint-Malo , au contraire, elle portait atteinte au port le plus important de la Bretagne, et aurait pu en amener la destruction.

Elle fut inventée en 1693 par les Anglais, qui, fatigués des pertes que causaient à leur commerce les corsaires malouins, voulurent détruire leur ville.

Le *brûlot* qu'ils inventèrent était maçonné au dedans, chargé de cent barils de poudre, recouverts de fascines, de paille, de poix, de soufre et de carcasses remplies de boulets, de chaînes, de grenades et de toutes sortes de matières combustibles enveloppées d'étoupes et de toiles goudronnées. Heureusement pour les Malouins, il porta contre un rocher et s'ouvrit avant d'atteindre la muraille où il devait être attaché. L'eau avait déjà gagné les poudres du fond de la cale, lorsqu'on y mit le feu, et la plus grande partie ne prit point. Cependant elles eurent assez de force pour faire sauter le bateau avec tant de violence, que son cabestan, du poids de 2,000 livres, enlevé par l'explosion, écrasa entièrement une maison de la place; mais la ville ne fut point atteinte par le volcan flottant.

Les brûlots proprement dits, ceux qui avaient pour mission d'incendier les navires ennemis pendant les combats, étaient autrefois d'un usage général. On en voit figurer dans toutes les flottes, et on en retrouve le système destructeur dans une espèce de bateaux nommés galiotes-bombes, dont l'emploi, nous l'avons déjà dit, fut puissant lors du bombardement d'Alger en 1682.

Ces terribles instruments sont maintenant remplacés

par les torpilles et par les navires cuirassés, dont les
engins foudroyants ont une puissance qu'on ne pouvait
prévoir.

DU DÉBARQUEMENT D'ALGER (1830) A LA GUERRE DE CRIMÉE (1854).

Nous arrivons enfin au dernier état de perfectionnement des navires à voiles. Il est nécessaire de s'y arrêter, et de le constater avec attention, pour juger plus
tard des immenses changements que vont produire la
vapeur, les roues d'abord, l'hélice ensuite et les innombrables innovations contemporaines, les *monitors*, les
cuirassés, les *navires à tourelles*.

Décrire un navire à voiles de la flotte française, c'é-
tait autrefois décrire en même temps toute la flotte.
Nous ne connaissons plus maintenant cette imposante
uniformité d'une ligne de vaisseaux. Nous sommes dans
une voie de tâtonnements et d'essais qui produit la plus
grande diversité et la diffusion la plus étonnante des
types, dans notre marine militaire.

Il y a cinquante ans, les perfectionnements arrivaient
moins vite; les inventions, les expériénces, les théories

ne se multipliaient pas comme en 1869 ; mais il y avait cela de bon, que l'homogénéité était parfaite dans la flotte, et que le *vaisseau-amiral* n'avait à faire qu'un signe pour que tous les autres obéissent , sans penser à son mode personnel de supériorité dans le combat : celui-ci à son éperon, celui-là à sa tourelle, cet autre à son hélice, ce dernier à ses aubes ; le premier à ses mâts en fer, le dernier à sa carapace blindée.

Prenons n'importe quel vaisseau de la flotte de 1830 ; montons de la cale jusque sur ses gaillards d'avant et d'arrière, et parcourons successivement, dans toute leur longueur, la cale et les ponts.

La cale est divisée en plusieurs parties ou *soutes :*

1° La soute aux poudres, munie d'un appareil qui permet de l'inonder en cas d'incendie ;

2° La soute au vin, approvisionnée pour une navigation de neuf mois ;

3° La soute aux légumes et au biscuit ;

4° Le puits à boulets ;

5° La cale à eau ;

Disséminées dans ces différentes soutes, les provisions d'huile, de salaison, de rhum, de sel, de farine, sont toutes contenues dans des barils ;

6° La soute aux voiles ;

7° La cambuse, magasin spécial où sont apportées seulement les provisions du jour ;

8° S'étendant jusqu'à l'étrave, le magasin général, où sont entassés les harpons, les chaînes, les instruments du menuisier et du charpentier.

Entre le faux pont et le pont est compris l'*entre-pont*, éclairé par de petites fenêtres rondes, les *hublots*, et renfermant les sacs et les hardes des matelots, ainsi que les hamacs qui leur servent de lit, et qui sont ac-crochés à 18 pouces d'intervalle dans les baux supé-rieurs. Les *premiers maîtres* du bâtiment occupent quelques chambres situées à l'avant, et les officiers ont, à l'arrière, chacun une cabine, outre la grande salle dite *carré* dont ils jouissent en commun. C'est dans l'entre-pont aussi que se trouve le four où se cuit le pain frais.

La première batterie est placée au-dessus de l'entre-pont, dont la muraille laisse passer la volée des canons longs du calibre de 30. Les canons courts de 30 forment la deuxième batterie, qui occupe à l'arrière la chambre du conseil ; et la batterie haute, armée de caronades ou obusiers de 30, renferme, à l'avant les cuisines, et à l'arrière le logement du commandant, lorsque l'appartement situé sous la dunette, et affecté spécialement au commandant du navire, est occupé par un amiral.

Dans les anciens vaisseaux, la batterie se trouvait trop près du niveau de la mer, et de graves dangers résultaient de ce manque d'élévation. Sous le règne de Louis XV, la *Thérèse* et le *Superbe* en offrirent un douloureux exemple. La mer les ayant envahis par leurs sabords ouverts, ils coulèrent bas en virant de bord. Mais les améliorations successives apportées à la construction de nos vaisseaux ont porté sur ce point important, comme sur tant d'autres, et les vaisseaux de nos jours présentent généralement au moins six pieds de hauteur, de la batterie à la mer.

Les *panneaux* pour la circulation, les *étambraies* pour les mâts et les pompes, les *câbles chaînés* qui traversent la muraille du pont en passant par les *écubiers*, ont leur place et leur fonction sur le pont de la première batterie. Enfin, une dernière batterie de caronades est supportée par la couverture supérieure du vaisseau, par les *gaillards* : entre les deux mâts la chaloupe, qui elle-même en reçoit plusieurs autres.

Les ancres sont suspendues en dehors sur les *bossoirs*,

à l'avant du navire, par les câbles chaînes fixés à la *cigale* de l'ancre.

Dans chaque batterie se trouvent les armes de main, haches, fusils, etc., et au-dessus de chaque canon l'*écouvillon* et le *fouloir* nécessaires au maniement des pièces.

Comme nous venons de le dire, la *dunette*, ou dernier étage de l'édifice, est réservée à l'amiral, ou, à son défaut, au commandant. C'est du haut de cet observatoire, reste du château d'arrière des anciens vaisseaux, que se font les études permanentes de changements d'atmosphère et de directions de vents, d'où dépendent la sûreté et la marche du navire. C'est de là que partent les ordres suprêmes qui attirent la victoire.

On appelle *vaisseau de premier rang* ou *trois-ponts*, ceux dont les flancs sont armés de trois étages de canons, sans compter les caronades, et la *batterie barbette* des gaillards, formant un total de 120 bouches à feu; *vaisseaux de deuxième et troisième rang*, ceux qui n'ont que deux batteries couvertes; et *frégate*, ceux qui en ont une seule.

Le nom de *vaisseau de ligne* désigne les bâtiments qui peuvent se présenter dans la *ligne de bataille*. On

comprend que des navires de construction plus faible ,
d'*échantillon* secondaire , des frégates, par exemple ,
quelles que soient leurs perfections individuelles , ne
peuvent lutter avec quelque espoir d'avantage contre
un colosse à trois ponts dont la batterie basse est
presque inaccessible aux boulets.

Après ces divers navires, les maîtres de la mer, nous
comptons encore les *corvettes*, les *bricks*, les *goëlettes*,
les *côtres*, qui n'ont pour armement que la batterie découverte des gaillards, et dont la différence de construction consiste principalement dans le nombre ou la position de leurs mâts ; puis le lougre , avec ses voiles
obliques et sa marche de corsaire.

Chez nos voisins, au lieu d'une batterie latérale de
caronades de faible calibre, comme les portent les bricks,
les côtres, et les autres navires que nous venons de citer,
la plupart de ces mêmes navires portent un long canon,
monté au milieu du pont, sur un affût à pivot , et qui
peut tirer dans toutes les directions. Il est à regretter
que ce système n'ait pas été établi plus tôt en France,
où la défectuosité de nos bâtiments de flottille était des
plus regrettables, et a amené la perte de nombreux et
braves marins. Au moment où le gouvernement allait se

décider à l'appliquer, la grande révolution qui s'est opérée dans la marine militaire, après la guerre de Crimée, et dont il nous reste à exposer les phases, est venue bouleverser la composition de nos flottilles en même temps que de nos flottes, en substituant dans les premières aux bricks, goëlettes, côtres, etc., les chaloupes à vapeur armées en chasse. Cette révolution s'étant opérée par l'application de la vapeur à tous les bâtiments de l'Etat, nous allons, pour en commencer l'étude, remonter aux origines françaises de la marine à vapeur.

III.

Navigation à Vapeur.

—

LES PREMIERS PROPULSEURS. — MACHINES A AUBES.

La navigation à voiles avait définitivement remplacé la navigation à rames. A son tour, la navigation à vapeur est sur la route de remplacer l'une et l'autre. Depuis le navire de cuir des Vénètes jusqu'aux vaisseaux à trois ponts, comme l'*Océan*, dix-huit cents ans s'étaient passés en perfectionnements et en essais. Au contraire, en trente ans, la navigation à vapeur a atteint le plus haut degré de perfection ; la pratique s'est immédiatement emparée de la théorie, et le même siècle aura vu le *Clermont*, premier navire à vapeur construit par Fulton, et le *Pereire*, type remarquable, et pour ainsi dire dernier mot de la navigation à vapeur.

Les navires à voiles ont incontestablement de grands avantages ; quelques-uns même de ces avantages ne pourront jamais se concilier avec l'emploi de la vapeur. Ainsi, les navires à vapeur ont nécessairement besoin de charbon : première cause de dépense inconnue à la navigation voilière. Pour peu que la navigation soit longue et que les marchandises soient lourdes, le charbon qu'il est nécessaire d'emporter constitue une véritable cargaison. De là, nécessité de construire de grands navires, et par conséquent nouveau sujet de dépenses.

Tel est le principal inconvénient des navires à vapeur.

La navigation à voiles n'a jamais soulevé de pareilles questions, et n'exige pour les fonctions mêmes du bâtiment que la place de la soute aux vivres et de la cale à eau. Presque tout le vaisseau peut donc recevoir des marchandises, des canons, ou des hommes. De plus, le poids du navire n'augmente pas en raison même de sa force de propulsion, comme avec la vapeur.

Nous reviendrons souvent sur les avantages ou les inconvénients des deux systèmes ; mais nous tenons à signaler tout d'abord ceux-ci, parce qu'ils dominent la matière, et qu'ils expliquent pourquoi l'Océan est encore sillonné par ces immenses voiliers ou par ces magnifiques *clippers* qui partent tous les jours du Havre, chargés de centaines de voyageurs, et qui reviennent y apporter des milliers de balles de coton.

Quoi qu'il en soit, et toute dispendieuse qu'elle était et qu'elle est encore, la navigation à vapeur avait l'avantage immense de raccourcir les distances, d'activer par conséquent les affaires, d'établir la fréquence des relations entre les différentes parties de l'univers ; en un mot, de contribuer au progrès et à la civilisation du monde. On peut dire que les premiers steamers ont été inventés par le premier Américain qui a dit : *Time is money*. Et pourtant c'est un Français qui a eu la première idée des navires à vapeur.

Papin, né à Blois en 1645 et mort en 1714, obligé d'émigrer en 1685 au moment de la révocation de l'édit de Nantes, résida en Allemagne et en Hollande, y fit de nombreuses expériences, et eut l'ingénieuse idée de placer sur un bateau, muni de roues à palettes, un appareil à vapeur qui devait leur communiquer un mouvement rapide. Les bateliers du Weser, sur les rives duquel il faisait ses expériences, jaloux de son génie et de leur monopole, auquel ils s'imaginaient que Papin voulait attenter, démolirent entièrement ses appareils. Son invention tomba dans l'oubli.

En 1753, l'abbé Gauthier, chanoine de Nancy ; en 1783, le marquis de Jouffroy, cherchèrent, par des moyens différents, la réalisation pratique de la navigation à vapeur. Ce dernier fit construire à Lyon un bateau de 46 mètres de long, le munit d'une machine à vapeur de Watt, et d'un système de rames articulées s'ouvrant et se fermant alternativement au sein de l'eau. Placées à l'arrière du bâtiment, elles lui donnèrent un mouvement de propulsion assez accentué pour émerveiller les riverains du Rhône. Malheureusement, ces expériences, très-coûteuses, ne parurent pas suffisamment pratiques, et la navigation à voiles gardait toujours sa supériorité, non-seulement sur la mer, mais encore sur les fleuves.

En Angleterre, en Ecosse, en Amérique, tous les esprits ingénieux et scientifiques cherchaient un moyen d'appliquer à la navigation les perfectionnements de la machine à vapeur. Ce ne fut qu'en 1805 que l'Américain Fulton parut avoir trouvé la véritable solution du problème. Chose étonnante, l'appareil du *Clermont*, son premier bateau à vapeur, avait de grands points de ressemblance avec l'appareil de Papin. La propulsion avait lieu par des *roues à aubes*. Quant à la machine proprement dite, elle était le résumé des nombreux progrès de la machine de Watt, et n'avait, avec le mécanisme de notre compatriote, que la similitude du principe.

Lorsque Fulton vint faire ses expériences sur la Seine devant Napoléon Ier, l'empereur traita un peu comme une chimère la navigation à vapeur, et un peu aussi comme un rêveur le grand Fulton. Mais les Américains accueillirent avec faveur la nouvelle invention.

Quand Napoléon apprit les résultats obtenus par Fulton, il était à Boulogne, organisant, à force de dépenses et de peines, une innombrable flottille. Combien l'empereur se reprocha-t-il alors de n'avoir pas consenti à faire étudier par l'Académie des sciences, comme Fulton le lui avait demandé, un moyen de transport tellement rapide, qu'il lui eût permis de jeter en peu de temps 200,000 hommes sur les côtes d'Angleterre, en réalisant ainsi un des plus audacieux projets de son génie (1)!

Dès lors la navigation à vapeur était un fait accompli. A la suite du *Clermont*, une innombrable quantité de bateaux à vapeur s'élancèrent sur les rivières, les lacs, et bientôt sur les mers de l'Amérique.

La France se mit aussi à l'œuvre, et sa marine militaire s'enrichit peu à peu de plusieurs vaisseaux. Le commerce s'emparait déjà de l'invention, mais avec plus de lenteur et de précautions ; il redoutait d'appliquer la vapeur à de grands bâtiments. Insensiblement cependant la machine de 100 chevaux, puis celle de 500, fut adoptée, ainsi que sur nos navires de guerre ; et enfin aujourd'hui c'est une force de 1,000 chevaux et au-dessus qui fait mouvoir nos immenses vapeurs cuirassés.

On sait comment agissent les roues à aubes des va-

____

(1) Nous racontons plus loin, au chapitre XI, un acte glorieux de ce drame à jamais célèbre de l'Empire, où la flottille joua devant Boulogne un rôle mémorable et décisif sur les événements de l'époque.

peurs. Le mouvement de va-et-vient des pistons poussés par la vapeur dans les cylindres, transformé par les moyens ordinaires en mouvement de rotation, fait tourner l'axe des roues ; les aubes, plongées dans l'eau, y trouvent un point d'appui ; l'eau résiste, et le bâtiment est porté en avant. Depuis quelque temps les palettes sont mobiles et articulées autour d'un axe porté à l'extrémité de leurs rayons ; elles agissent donc toujours verticalement et dans le sens où la poussée est par conséquent la plus forte.

Les machines à vapeur marines se composent de trois parties : 1° la chaudière et les fourneaux ; 2° la machine proprement dite, sur laquelle agit la vapeur ; 3° le mode de propulseur. Tous ces appareils sont d'un grand poids et tiennent une grande place. Ainsi, outre la quantité considérable de combustible qui doit être chargée pour alimenter les feux, voilà encore trois grandes causes qui font qu'un bâtiment à vapeur est immensément lourd, et disposé de telle sorte qu'il est déjà à moitié rempli avant que les marchandises, les passagers ou les canons soient à bord.

Pour placer les chaudières, il a fallu supprimer les ponts et entreponts. Au milieu du bâtiment est une vaste chambre occupant sur les navires à aubes la hauteur entière de la coque, et dépassant même sur quelques vaisseaux le niveau du bastingage. L'arbre de couche traverse le navire perpendiculairement à sa longueur; il supporte les roues abritées par un tambour circulaire.

La largeur du navire est donc beaucoup plus grande au milieu que partout ailleurs. C'est encore là un des inconvénients des navires à aubes. Lorsque le bâtiment navigue *vent debout*, c'est-à-dire contre le vent, et par conséquent contre les lames, les tambours résistent né-cessairement à la brise et à la vague; la marche du vaisseau se ralentit, et à chaque instant la mer, se bri-sant comme sur un rocher, saute par-dessus l'obstacle sur le pont qu'elle inonde, et quelquefois dans les four-neaux qu'elle éteint. Si le navire est destiné à un long trajet, et par conséquent s'il porte une grosse provision de charbon, il part considérablement chargé : les roues sont trop immergées et ne peuvent tourner que diffici-lement. Au contraire, vers la fin du voyage, le charbon est presque entièrement brûlé, le navire sort de l'eau jusqu'au-dessus de sa ligne de flottaison, et les roues, très-insuffisamment immergées, s'agitent presque dans le vide.

Enfin, cette grande largeur des navires à aubes à la hauteur de leur machine est une cause perpétuelle d'abordage dans les jetées des ports et dans les bassins où ils manœuvrent. Encore si l'étendue et la force des tambours protégeaient suffisamment les roues contre les boulets et la force des lames. Malheureusement, la mitraille et la tempête ne tardent pas à briser tambours et palettes ; la machine ne peut plus fonctionner ; le navire s'arrête et le gouvernail ne mord plus.

Pour remédier à ces inconvénients, on a gardé sur les navires à vapeur une mâture plus légère que sur les navires à voiles, assez étendue cependant pour imprimer au bâtiment une vitesse moyenne.

Tantôt, comme par exemple sur nos grandes frégates à aubes, la mâture est celle d'un trois-mâts ; tantôt, comme sur nos *avisos* et certains steamers de commerce, c'est un gréement de goëlette (trois mâts, dont deux d'artimon) ; enfin, sur les *vapeurs mixtes*, l'ancienne mâture des *trois-ponts* à voile a été conservée dans toute son étendue.

Le *Véloce*, construit par l'amiral Béchameil, est un des plus beaux types des *vapeurs mixtes*, c'est-à-dire de vaisseaux réunissant d'une manière complète les deux modes de locomotion : la voile et la vapeur ; et pouvant se servir, alternativement et spécialement, de l'un de ces moyens, selon le vent, le temps, et la direction à suivre.

Le *Véloce* peut en moins d'une demi-heure développer une voilure de frégate, ou restreindre sa mâture à d'infimes proportions. L'axe de sa roue peut monter ou descendre à volonté, et sortir entièrement de la mer, lorsque le navire marche à la voile. Le seul inconvénient de ce double système, mais il est grave, est d'exiger l'emploi d'un mécanisme compliqué. Il est vrai que, depuis le *Véloce*, on n'a pas craint, en Angleterre même, plus que chez nous, d'embarquer sur nos cuirassés toute une complication de mécanismes destinés aux tourelles et à leurs plaques tournantes. Mais, quoi qu'il en soit, c'est un principe, en marine, de n'employer que des appareils pouvant être immédiatement réparés par des matelots avec les plus simples matériaux : du bois et de la corde.

Les bâtiments de guerre à aubes firent pour la première fois leur apparition, en quelque sorte officielle, au débarquement d'Alger.

Nous parlions au commencement du chapitre II du

débarquement des troupes de saint Louis à Damiette. A
six cents ans de distance, les Français débarquaient encore en Afrique. N'est-il pas intéressant d'étudier un des
plus beaux et un des derniers débarquements opérés par
la marine française sur cette plage où s'est élevée,
grandissant sans cesse, notre belle Algérie? C'était
en 1830. Le nombre des bâtiments de l'Etat s'élevait à
103; ils portaient ensemble 2,968 bouches à feu; 350
navires de commerce, destinés au transport du matériel
et des vivres, avaient été affrétés par le gouvernement,
ainsi que 130 petits bateaux catalans et génois, 55 chalands et 30 bateaux plats. Le munitionnaire général,
M. Sellières, avait en outre affrété pour son compte
100 navires de commerce. En sorte que le total des bâtiments employés à l'expédition était de 708; et le
nombre d'hommes transportés s'élevait, y compris l'armée d'expédition, à 70,450.

Le 14 juillet, à la pointe du jour, les navires de la
deuxième escadre, ayant à bord la première division de
l'armée, se forment en ligne parallèle au rivage; la
première escadre et la réserve se placent en arrière; le
convoi et la flottille sont groupés entre les escadres et le
rivage. Au signal du débarquement, donné par le vais-

seau-amiral, toutes les embarcations sont mises à l'eau. Cette manœuvre s'accomplit sans confusion et en un instant. La première et la deuxième divisions de l'armée (20,000 hommes) furent placées dans les chaloupes; en même temps dix pièces de campagne et une batterie de montagne, accompagnées de 400 canonniers, s'installaient sur des chalands, toutes prêtes à être mises en batterie; le génie, embarqué sur six génois ou catalans, occupait les ailes de la flottille. Tous ces préparatifs, s'effectuèrent avec une merveilleuse précision.

M. le capitaine de vaisseau baron Hugon était chargé de la direction supérieure du débarquement. M. Remquet, capitaine de frégate, major de l'armée navale, avait la conduite particulière de la première ligne. M. le capitaine de frégate Salvy, commandant en second le vaisseau-amiral, était chargé de la deuxième ligne. M. Casy, capitaine de frégate, dirigeait la troisième ligne. La quatrième enfin était sous les ordres de M. Lefèvre, lieutenant de vaisseau. Chaque canot remorqueur était monté par un élève de la marine.

Lorsque tout fut disposé, les remorqueurs entraînèrent vers le rivage les bateaux chargés de soldats ou d'artillerie; l'aspect de ces phalanges flottantes était

majestueux ; elles s'avançaient lentement et avec ensemble, observant un profond silence que rendaient plus
solennel encore les légères vapeurs qui les entouraient ;
on n'entendait que le bruit cadencé des rames.qui frap-
paient la lame, et bientôt on ne distingua plus que des
masses confuses qui se perdaient au milieu du brouil-
lard.

Lorsque la flottille fut arrivée à une très-petite distance de la terre, quelques pièces d'artillerie et des fusées à la congrève ouvrirent le feu dans la direction des
batteries ennemies, et contre tous les mouvements de
terrain qui pouvaient favoriser une embuscade ; puis les
marins, ayant de l'eau jusqu'à la ceinture, se mirent à
haler les bateaux pour les faire échouer sur le sable.
Mais les soldats, impatients de gagner le rivage, se
jettent dans l'eau dès qu'ils peuvent aborder sans mouiller leurs gibernes. Grâce à cette louable émulation, toute
la plage fut en un instant hérissée de baïonnettes. Les
brigades Achard et Porret de Morvan sont les premières
à se former en ligne, tandis que deux braves marins,
Sion, chef de la grande hune de la frégate *la Thémis*,
et Brunon, matelot de la *Surveillante*, s'élancent vers la
tour de Sidi-Ferruch, l'escaladent et y arborent le dra-

peau français. Cette action solennelle fut saluée par les acclamations unanimes de l'armée et par le canon de la flotte.

La première division, une fois formée, se disposa à marcher immédiatement contre les dunes occupées par les Arabes, dont l'artillerie faisait un feu assez bien nourri. L'ennemi avait pris, en dehors de la presqu'île, une position que défendaient trois batteries échelonnées; il montrait sept à huit mille hommes, presque tous Arabes; des Turcs servaient les bouches à feu. Différer l'attaque, c'eût été exposer l'armée à des pertes considérables; le général Berthezène donna donc l'ordre de s'avancer par bataillon en masse vers la gauche de la position que l'ennemi occupait, et de tourner ses batteries. Le terrain n'était que faiblement accidenté, mais les fortes broussailles dont il était couvert rendaient la marche difficile. L'ardeur de nos soldats triompha de ces obstacles ; ils s'élancèrent au pas accéléré, chassant devant eux une horde de cavaliers arabes qui cherchaient à s'opposer à leur passage, et se trouvèrent en un clin-d'œil au pied des redoutes.

Pour seconder ce mouvement, l'amiral Duperré faisait prendre en écharpe les batteries ennemies par l'artillerie des bateaux à vapeur *le Nageur* et *le Sphinx*, qui se trouvaient dans la baie de l'ouest, et par celle de la corvette *la Bayonnaise* et des bricks *la Badine* et *l'Actéon*, mouillés dans la baie orientale. Les feux combinés de ces cinq navires, partant des deux côtés de la presqu'île, firent de grands ravages dans les rangs ennemis et y jetèrent l'épouvante.

Les redoutes ainsi attaquées furent tournées et enlevées en un instant. Deux jeunes officiers du 3ᵉ de ligne, MM. de Bourmont et Bessières, y entrèrent les premiers, et tous les hommes qui les défendaient, horde confuse et indisciplinée, se retirèrent précipitamment et dans le plus grand désordre.

Ce premier succès, d'un si favorable augure, et qui inspira tant de confiance à nos troupes, ne nous coûta qu'une centaine d'hommes mis hors de combat. Onze pièces de canon et deux mortiers richement ciselés, qui avaient appartenu à Charles-Quint, furent les trophées de cette journée.

Pendant que la première division se portait ainsi en avant, la seconde opérait son débarquement, et chaque brigade allait successivement se placer en arrière de la précédente pour soutenir la division engagée.

Grâce à l'infatigable activité que déployèrent nos marins, à deux heures après midi, les trois divisions d'infanterie, une partie des sapeurs et des canonniers, toute l'artillerie de campagne, une grande quantité de vivres et soixante-quatre chevaux, étaient réunis dans la presqu'île.

Longtemps avant le débarquement, on avait arrêté le projet de faire de Sidi-Ferruch une place de dépôt, fermée du côté de terre par une ligne continue de fortification. Le général Valazé se mit aussitôt à l'œuvre ; et 2,500 hommes furent employés à creuser des fossés, à élever les escarpes, à planter les palissades.

Tel fut le débarquement d'Alger en 1830. On le voit, les navires à vapeur n'y figurèrent pas en grand nombre; mais ils y apparurent : le *Nageur* et le *Sphinx* ont eu dans cette belle journée leur rôle spécial à remplir, rôle modeste, il est vrai, mais à cause du petit nombre de canons dont ils étaient pourvus.

Peu à peu on construisit des vapeurs de guerre plus grands, mieux armés, et par conséquent capables de services plus accentués ; mais pendant longtemps ce fut dans la marine un préjugé général qu'on ne pouvait donner aux vapeurs de guerre ni un fort tonnage, ni une puissante machine, ni un très-grand nombre de pièces. Au débarquement de Crimée, les choses seront bien changées, et nous verrons non-seulement les grandes frégates à aubes, mais encore les immenses vaisseaux à hélice, et le *Napoléon*, dont nous allons parler.

L'HÉLICE.

Le système des roues à aubes présente, nous venons de le voir, des inconvénients également préjudiciables à la marine militaire et à la marine marchande ; aussi cherchait-on depuis longtemps une propulsion sous-marine, et avait-on successivement essayé l'application des turbines, des machines à air ou à palettes, quand, en 1823, un Français, nommé Delisle, déposa au Ministère de la marine un mémoire relatif à l'emploi de la vis d'Archimède comme mode de propulsion.

En 1832, la même idée fut mise en avant par un autre Français, Sauvage. Malheureusement ni l'un ni l'autre ne bénéficièrent du mérite de leur découverte ; et ce furent deux Anglais, MM. Ericksonn et Smith, qui, s'appropriant, l'un après l'autre, le mérite de l'invention, prirent chacun un brevet qui leur en assurait la propriété.

Sauvage, enfermé pour dettes dans la prison de Boulogne, eut la douleur d'apercevoir des fenêtres de son cachot les expériences faites par M. Smith, dans le port de cette ville, sur un navire muni de l'hélice tant attendue. Cet homme de génie, auquel rien ne faisait défaut, sinon la fortune, ne put résister aux ébranlements intellectuels du désespoir ; la folie s'empara de lui, et il mourut en 1857 dans une maison d'aliénés.

MM. Ericksonn et Smith n'en continuèrent pas moins leurs essais tant en Angleterre qu'en Amérique, et ce fut leur modèle qu'adopta le gouvernement français sur la première frégate à hélice, *la Pomone*, de 44 canons.

Peu après, et comme nous disposions d'un grand nombre de navires à voiles, on résolut, sans diminuer la voilure ni la mâture, et sans changer en rien leur destination primitive de voiliers, de placer sur nos frégates à voiles une hélice de 700 chevaux au maximum. On obtenait ainsi une escadre de vaisseaux mixtes, qui n'amena point, il faut le reconnaître, les résultats pratiques très-brillants auxquels on s'attendait. Pour l'hélice comme pour les roues, c'est la voile qui devait aider la vapeur, et non la vapeur qui devait aider la voile.

C'était là l'intime conviction de M. Dupuy de Lôme, un ingénieur de trente ans en 1847, et maintenant le premier, non-seulement des constructeurs maritimes de France, mais, nous osons le dire, de toute l'Europe, sans en excepter l'Angleterre, patrie de sir Robert Napier. Or, voici, sur un projet de M. Dupuy de Lôme, ce qu'écrivait, à bord du *Souverain* à Toulon, en mai 1847, le prince de Joinville, commandant l'escadre de la Méditerranée. C'était à M. Guizot, ministre de la marine par intérim, que le prince s'adressait. Insistant sur l'impossibilité pratique des vaisseaux mixtes, il ajoutait :

« Il n'y a pas que moi seul qui pense ainsi ; et le jeune ingénieur auteur du projet dont je vous entretiens, M. Dupuy de Lôme, fait son plan dans d'autres idées : son vaisseau est un vaisseau de ligne de 90 canons et de 800 hommes d'équipagne, portant des vivres pour deux mois, capable de marcher 12 jours avec une vitesse de 11 milles à l'heure, ou bien 36 jours avec une vitesse de 8 milles. Toute sa machine, placée dans la partie du navire qui se trouve sous l'eau, est à l'abri du boulet. Qu'avons-nous besoin de plus ? Ce navire-là, qui peut sillonner les mers avec une si grande rapidité et une si grande exactitude, n'est-il pas le type que nous devons adopter ? Trente hommes placés dans la machine, et invulnérables comme la machine elle-même, la manœuvreront avec un calme parfait. Plus de ces accidents terribles, comme la chute d'un mât, qui paralysent le plus puissant navire et le rendent le jouet et la victime de ses ennemis. Huit cents canonniers servent son artillerie. Si parmi eux nous conservons quelques matelots, ce n'est plus une nécessité absolue. Il ne peut aller dans l'Inde, c'est vrai ; mais en temps de guerre, il régnera en maître dans la Méditerranée et les mers étroites qui nous entourent. »

Ce magnifique projet fut réalisé et devint le *Napoléon*, que l'univers maritime reconnaît être le plus beau et le meilleur des bâtiments français et étrangers qui soient à la mer.

Le *Napoléon* fut lancé en 1850, armé en 1852 ; et dans les journaux du 22 octobre 1853, au commencement de la guerre de Crimée, voici ce qu'on lisait :

« Le 22 octobre 1853, les escadres française et anglaise, en croisière dans la Méditerranée, reçurent

6

l'ordre de franchir les Dardanelles pour investir Sébastopol. Une avant-garde de bâtiments légers et rapides ouvrit la marche ; les escadres appareillèrent ensuite. Le *Napoléon* sous vapeur remorquait le vaisseau à trois ponts *la Ville-de-Paris*, sur lequel l'amiral Hamelin avait mis son pavillon. Mais bientôt le vent s'éleva, la mer devint furieuse. Arrivées au passage, les escadres trouvèrent le vent et le courant tellement contraires, qu'elles ne purent avancer. Seul le *Napoléon*, remorquant la *Ville-de-Paris*, regagna l'avant-garde, la dépassa bien vite, et franchit le détroit des Dardanelles. L'escadre anglaise dut attendre *plus d'une semaine* des temps plus favorables pour rejoindre l'amiral Hamelin. »

Ce fut un véritable événement que ce passage des Dardanelles. Il fallait se rendre à l'évidence et reconnaître combien était heureuse, combien surpassait tout ce qui s'était produit de plus parfait jusqu'alors, la création de ce magnifique vaisseau de combat à grande puissance de vapeur, qui traînait un énorme vaisseau à sa suite, sans avoir l'air de s'en soucier.

L'Angleterre, qui s'est toujours piquée de rester à la tête des nations maritimes, s'en émut singulièrement.

Elle construisit l'*Agamemnon*, en cherchant à imiter notre colosse français ; mais l'*Agamemnon* n'atteignit pas à beaucoup près la même vitesse dans la marche, ni la même puissance dans la traction.

Nous devons dire un mot de l'hélice. Elle est formée d'un cylindre en fer, joint au noyau de l'axe par trois segments de l'hélicoïde qui servent de propulseurs par l'inclinaison de leur plan. C'est une sorte de grand tire-bouchon à trois branches, ou de petit moulin à vent à trois ailes. Elle est placée à l'arrière du navire, et fixée verticalement à l'étambot. Immergée à une profondeur moyenne de soixante centimètres, elle est mise en mouvement par une machine à vapeur qui peut faire faire à l'arbre sur lequel elle porte deux cents tours à la minute. Par l'effet de ce mouvement rapide, les ailes de l'hélice frappent obliquement dans l'eau, comme un moulin à vent tourne dans l'air, refoulent violemment les couches liquides, et font avancer le navire avec une vitesse plus ou moins grande, selon le nombre plus ou moins grand de tours à la minute.

L'hélice est employée soit simple, soit double. Lorsque l'hélice est double, chacun de ses éléments est placé de chaque côté du gouvernail, dont elle peut singulièrement accélérer l'effet. Mais, comme force et comme vitesse, une seule hélice bien proportionnée à la masse et à la construction du navire, bien installée sous l'é- tambot à la profondeur convenable, donne à peu près les mêmes résultats qu'une hélice double.

Nous savons déjà pourquoi l'hélice est préférable aux aubes. Examiner les inconvénients de celle-ci, c'était annoncer les avantages de celle-là. Constamment immer- gée, imprimant, par conséquent, au navire une impul- sion continue, l'hélice exige des machines moins lourdes et moins compliquées. Les derniers perfection- nements de ce propulseur énergique ont été appliqués tout récemment à la magnifique machine du *Pereire*. C'est aujourd'hui un engin pour ainsi dire populaire dans la marine française.

LA MARINE A VAPEUR EN CRIMÉE.

C'est au débarquement de Crimée, en 1854, que nous voyons pour la première fois à l'œuvre les vapeurs à hélice. Dans cet événement maritime important, l'hélice montra d'une façon indiscutable, et pour ainsi dire pu- blique, quelle était son utilité, sa puissance et sa force.

Toute la France se souvient encore du débarquement de nos troupes en Crimée. Le rôle de la marine française dans cet événement glorieux ne doit pas être oublié. Certes, le débarquement d'Alger s'était opéré avec un ensemble, une promptitude parfaite ; mais le débarquement de *Oldfort* devait, lui aussi, montrer au monde combien est puissante la nation maritime capable de jeter sur une terre ennemie en aussi peu de temps, avec un ordre et une discipline aussi remarquables, les troupes de tout genre et l'immense matériel de guerre que notre armée emportait avec elle.

« Il est de ces tableaux magiques, dit le baron de Bazancourt dans son livre sur l'*Expédition de Crimée*, devant lesquels la plume se sent impuissante. Tel était celui que présentait, le soir, la flotte mouillée devant Eupatoria. On eût dit une grande ville fantastique surgie du sein des flots. Le soleil venait de se coucher, l'air était très-pur, la mer unie comme un miroir ; on distinguait encore les nombreux signaux des bâtiments, et les feux de positions, pâlis par les dernières lueurs du crépuscule, commençaient cependant à briller de toutes parts. A l'horizon, se massait dans une teinte sombre la ville d'Eupatoria, dont les moulins qui en dominent les hauteurs se découpaient nettement sur le ciel encore lumineux. »

Toute la journée du 13 mars 1854 fut employée à rallier les bâtiments en arrière et à porter les derniers ordres qui devaient assurer l'exécution prompte et rapide du débarquement de l'armée. A deux heures et demie du matin, deux fusées qui doivent indiquer à l'amiral Dundas que l'ordre est donné à la flotte française d'appareiller partent du vaisseau-amiral. L'amiral anglais répond à ce signal. L'ordre est aussitôt transmis par signaux à toute l'escadre, et bientôt vaisseaux et frégates à vapeur, attelés les uns aux autres, s'avancent dans l'ordre qui leur a été désigné vers la plage du débarquement.

La *Ville-de-Paris*, toujours remorquée par le *Napoléon*, a pris la tête du convoi : trois bâtiments, *l'Ajaccio*, le *Bertholet*, le *Dauphin*, se tiennent prêts à porter sur tous les points de la ligne les ordres de l'amiral. Trois autres bâtiments ont pris les devants ; ce sont le *Primauget*, le *Caton* et la *Mouette*. Ils ont mission de placer à petite distance des bouées de couleur différente, pour indiquer le mouillage des trois colonnes.

A côté de notre escadre, se développe la longue ligne du convoi anglais.

« Ce fut un magnifique spectacle, continue le baron de Bazancourt, lorsque les premières lueurs du jour montèrent à l'horizon, de contempler cette flotte, la plus belle qui ait jamais traversé les mers, se dirigeant en silence vers le lieu du débarquement. Ce sont de longues files de navires de toutes grandeurs s'étageant à l'infini sur les flots de la mer. Tous sont chargés de soldats, dont les baïonnettes reluisent aux premières clartés naissantes, ville flottante, animée, qui transporte une émigration humaine d'un rivage à l'autre.

« Les côtes sont devant nous. La plage silencieuse semble attendre ces milliers d'existences pour recevoir d'elles la vie, le mouvement, le tumulte. Officiers, soldats, matelots, tous ont les yeux attachés sur la rive. »

A sept heures du matin, l'amiral Hamelin signale l'ordre de mouillage suivant le plan donné. La flotte est mouillée sur trois lignes parallèles. La première, composée de vaisseaux de combat, transporte la 1re division ; sur la seconde ligne est la 2e division ; la 3e division sur la dernière ; car la 4e division, en compagnie de bâtiments anglais, sous le commandement de l'amiral Dundas, est allée opérer un simulacre de débarquement sur la Katcha, afin d'occuper l'ennemi et de le tenir en haleine sur plusieurs points à la fois. Trois pavillons de couleurs différentes sont affectés aux trois divisions : 1re division, pavillon rouge; 2e division, pavillon blanc; 3e division, pavillon bleu. Trois pavillons semblables devront être plantés à terre aux points désignés par les généraux de chaque division, et c'est sur ce point de ralliement que se dirigeront les embarcations et les chalands portant les troupes.

Dans l'ordre du débarquement tout a été dit, tout a été indiqué, tout a été prévu, les éventualités de l'ennemi comme celles de la mer. On a peine à comprendre que les deux cent cinquante navires dont se composaient les flottes combinées aient pu, sans confusion, sans avarie, sans accidents, exécuter une manœuvre que leur agglomération rendait si difficile.

Dans cette occasion, la marine française a montré tout ce qu'on peut attendre d'elle. C'est qu'auss chacun comprenait l'importance de cette grande opération, rivalisait d'ardeur, d'activité et de dévouement.

A sept heures dix minutes, le vaisseau amiral *la Ville-de-Paris* laisse tomber l'ancre au poste assigné devant la plage; le reste de l'escadre, s'arrêtant avec

une précision mathématique à la place qu'elle doit
occuper, suit le mouvement. Aussitôt chaloupes et
canots sont immédiatement mis à la mer ; les chalands,
que depuis la veille chaque vaisseau conduit à la remorque, sont accostés le long du bord. On n'attend
plus, pour commencer le débarquement, que l'ordre de
l'amiral.

Tous les yeux sont fixés sur la *Ville-de-Paris*, qui
doit donner le signal. L'ennemi ne paraît d'aucun côté ;
cependant toutes les précautions sont prises. Les chaloupes des 4 vaisseaux à 3 ponts, armées en guerre, et
approvisionnées de fusées à la congrève, sont dirigées
vers la terre dès que l'ancre a touché le fond. Deux de
ces chaloupes prennent poste à l'angle nord de la plage,
les deux autres à l'angle sud. Presque au même moment une frégate et deux avisos à vapeur, *le Descartes*,
le Primauget et *le Caton*, suivent la même direction,
avec l'ordre de s'embosser aussi près de la plage que
le leur permet leur tirant d'eau, de manière à balayer de
leurs obus la falaise du sud, point où l'ennemi pourrait
se présenter : deux feux se croisant ainsi avec ceux des
chaloupes, prendraient d'écharpe l'artillerie ennemie qui
voudrait s'opposer à notre opération.

Dès lors le signal si impatiemment attendu paraît au mât du vaisseau-amiral. Un cri de joie s'échappe à la fois de toutes les poitrines, tous les cœurs bondissent. Il est huit heures.

Une baleinière de la *Ville-de-Paris*, portant le général Canrobert et le contre-amiral Bouet-Willaumez, se dirige en toute hâte vers la plage ; les marins se courbent sur les rames, la baleinière a le vol d'un oiseau. Le capitaine Anne Duportal, désigné comme commandant la plage, s'y rend de son côté.

A huit heures et demie, le pavillon français flotte sur la terre de Crimée, placé par les mains du général Canrobert, qui vient de s'élancer sur la rive.

Presque aussitôt l'on voit se dresser les guidons indicateurs sur les emplacements où doivent se former les trois divisions, et comme répondant à ce signal, les chalands, les chaloupes, les canots tambours, les canots ordinaires, remplis de soldats, couvrent la mer et s'avancent vers la plage. Les canots chefs de groupe des embarcations et chalands portent sur leur étrave le pavillon de la division qu'ils conduisent à terre. Pas un instant de confusion, de doute ou de désordre ; tout cela s'entremêle, se confond un instant, puis chacun prend sa direction, remorqué par les avisos *l'Ajaccio*, *le Dauphin*, *la Mouette*, et par les canots à vapeur.

Arrêtons un moment notre récit, pour faire remarquer l'importance énorme des canots à vapeur dans une opération de débarquement. En 1854, il faut l'avouer, nous manquions de canots à vapeur en nombre suffisant. Cela n'a pas empêché que le débarquement s'accomplît avec rapidité ; mais il est certain qu'il eût été plus rapide encore, si la marine française eût été dotée alors, comme elle l'est maintenant, de toute une petite flottille de canots de ce genre, rapides, solides et puissants.

Ceci dit, reprenons la narration.

L'œil a peine à suivre cette opération multiple qui se déroule à la fois sur tous les points, et couvre en même temps le rivage de nos soldats débarqués.

Il est neuf heures. Toutes les troupes arrivent en masse, aux cris de vive l'Empereur !

Le débarquement était un fait accompli. Restait la petite escadre, chargée avec la 4ᵉ division de faire diversion sur la côte. Elle était composée de cinq frégates à vapeur françaises et de trois frégates anglaises. Quand vint son tour de débarquer, le jour était tombé, le temps s'était couvert, et le vent avait grossi la mer, de telle sorte que l'opération fut suspendue plusieurs fois. Enfin, la 4ᵉ division, elle aussi, vint, non sans grandes difficultés, prendre place à côté des trois autres.

L'expédition de Crimée allait commencer.

IV.

Navires en fer.

—

En même temps que la vapeur tendait de plus en plus à remplacer la voile, un autre progrès maritime se produisait pour ainsi dire parallèlement à celui que viennent de nous présenter les aubes et l'hélice, et contribuait puissamment à l'essor de la navigation.

Les navires en bois avaient, nous le savons, de précieux avantages, surtout comme navires de guerre. Au combat, les avaries pouvaient être promptement et provisoirement réparées ; en cas d'abordage, ou lorsque l'éperon de l'ennemi les frappait, la blessure ouverte dans leurs flancs était vite fermée, et ne compromettait pas, comme aujourd'hui, le navire tout entier. On ne peut nier non plus que le doublage en cuivre, presque impraticable alors sur les navires en fer, ne préservât les bâtiments en bois des herbes et des coquilles qui s'attachent aux carènes en fer.

Quoi qu'il en soit, l'emploi du fer a presque partout remplacé l'emploi du bois.

Il serait bien difficile d'énumérer les causes multiples qui font préférer le fer au bois pour la construction navale. Il en est cependant d'évidentes, que tout le monde reconnaît, et qui tiennent pour ainsi dire à la nature géographique de l'Europe : par exemple, le défrichement d'un grand nombre de forêts ; et comme conséquence, la diminution progressive du bois de construction. Les mines, au contraire, sont loin d'être épuisées et donnent le fer avec une abondance et un bon marché relatifs. De plus, un certain nombre de constructeurs furent amenés à constater que les constructions en fer étaient bien plus légères que les bâtiments en bois, et qu'elles duraient trois fois plus. C'étaient là trois raisons importantes, et qui valaient bien la peine que les armateurs fissent de sérieuses expériences et de généreuses tentatives populaires.

En peu de temps la marine marchande, plus encore que la marine militaire, comptait en France un grand nombre de vaisseaux de ce genre; et malgré l'énergique opposition de plusieurs marins, capitaines, ingénieurs maritimes, la construction en fer est aujourd'hui un fait acquis.

Il est incontestable que l'emploi du fer convient seul aux constructions mues par de puissantes machines qui disloquent la charpente par leur impulsion, surtout lorsque la mer est mauvaise. Toutes les parties de ces bâtiments sont, en effet, presque aussi bien liées que par une seule feuille de tôle continu. En cas d'avaries, les réparations sont plus promptes, plus solidement exécutées.

Les navires en fer sont ordinairement divisés en cloisons étanches, en double fond. Bien des cargaisons, bien des passagers ont été ainsi sauvés du feu ou des flots. Lorsque le *Pereire* reçut à l'avant ce fameux coup de mer qui pensa l'engloutir, la cloison étanche de son étrave l'empêcha seule de couler ; l'immense vague qui s'engouffra dans ses flancs y resta localisée ; les feux des chaudières furent préservés, et il rentra au Havre portant comme une cargaison dans son avant plusieurs centaines de tonnes d'eau qui l'alourdissaient, mais ne le submergeaient pas.

Il est vrai, et c'est là la principale objection au nouveau procédé, que les carènes de fer se salissent bien plus vite que les bâtiments en bois ; des milliers de coquillages et d'herbes marines s'attachent, en quelques mois, à leurs flancs. Il résulte souvent de cet alourdissement, cela est vrai, une perte de deux ou trois nœuds en cinq mois. C'est là un inconvénient très-grave, nous l'avouons, en ce sens qu'il nécessite des dépenses considérables, que les passages au bassin ou à la cale sèche doivent être très-fréquents. Mais le calfatage des navires en bois n'a-t-il pas, lui aussi, de grands inconvénients ? Ne sait-on pas que, par l'imbibition du bois, le poids du navire augmente, et par conséquent diminue la vitesse ? N'a-t-on pas constaté qu'au bout de six ans un vaisseau était immergé de 30 centimètres de plus que le jour de sa mise à l'eau, et que sa vitesse était tombée de 12 à 11 nœuds? Et jusqu'à nos jours aucun procédé n'a été iuventé pour sécher le bois imbibé, sans le désagréger. C'est donc là un inconvénient très-sérieux aussi, et de plus sans aucun remède.

Au contraire, lorsque le navire en fer, bien gratté et bien lavé, reçoit une couche de peinture, les qualités premières de marche se retrouvent avec la même sensibilité que s'il sortait des chantiers. Maintenant surtout que M. Roux, capitaine de frégate, a su découvrir le moyen d'appliquer *le cuivre sur le fer* en préservant celui-ci de toute oxydation, les carènes en fer sont à jamais à l'abri des invasions de coquilles, de moules, d'herbes et de varechs. C'est vraiment de ceux-là qu'on a pu dire : « Les navires en fer n'ont pas d'âge et recommencent sans cesse une éternelle jeunesse. »

M. Roux vient d'appliquer avec succès son invention sur les frégates cuirassées *la Belliqueuse, la Savoie, la Revanche, la Guyenne, la Gauloise, la Valeureuse.* Les plaques de cuivre sont séparées de la cuirasse en fer par un mastic adhérent, élastique, inaltérable dans l'eau, qui s'applique à froid, et résiste aux plus hautes températures. Il a préservé ainsi la carène de l'action galvanique produite comme par une pile électrique permanente, et dont les terribles effets amenaient en peu de temps, sur toute la surface du navire, une oxydation profonde qui mangeait et détruisait la cuirasse.

V.

Navires cuirassés.

—

L'art naval marchait de progrès en progrès ; il poursuivait concurremment trois problèmes : la marche, la force, la résistance. Le *Napoléon* avait atteint et réalisé plus que les espérances de ses ingénieurs pour la marche et la force. Quant à la résistance, on croyait encore, au commencement de la guerre de Crimée, que les parois de nos navires de bois étaient suffisamment solides pour arrêter, ou paralyser au moins, l'effet des plus lourds boulets lancés par les plus grosses pièces.

Jusqu'en 1850, en effet, l'artillerie de la marine française faisait seulement usage du canon de 30. (On sait que le calibre du canon n'est autre que le poids du boulet qu'on peut y introduire.) Suivant leur destination, on avait des pièces de 30, longues, moyennes ou courtes. Celle de 36, qui était alors le plus gros canon employé, était difficile à manœuvrer. Elle nécessitait 14 hommes d'équipage, et tirait peu de coups en cinq minutes.

A peu près à la même époque, l'Amérique et l'Angleterre inventaient le canon se chargeant par la culasse, qui devait être le précurseur du *canon rayé* proprement dit. De son côté, l'amiral Paixhans proposait en Amérique l'usage du boulet qui prit son nom, et dont les terribles effets ne tardèrent pas à rendre son invention célèbre.

Lors de l'expédition de Crimée, les ports de Sébastopol étaient armés de canons et de boulets Paixhans, et tous nos marins se souviennent encore de leurs terribles effets.

La flotte française, concurremment avec la flotte anglaise, avait dû concourir à la première grande attaque contre Sébastopol ; mais, contrariée par le calme, elle n'avait pu, dès le matin du jour où son concours lui avait été demandé, prendre part à la lutte, et combiner son attaque avec celle des batteries de terre, en ouvrant simultanément le feu contre le fort dit *la Quarantaine*, et la partie du port.

Ce ne fut que vers dix heures et demie seulement, le 18 octobre 1854, que les vaisseaux français mouillés à la Katcha se rallièrent à ceux mouillés dans la baie de Kamiesh. Il était près de midi lorsqu'apparurent les vaisseaux anglais. Comme le vent ne se levait pas, il fallut accoupler les vaisseaux aux frégates à vapeur avant de venir développer la ligne des 26 vaisseaux des escadres alliées. Nos navires vinrent sur les brisants du sud s'établir à sept encâblures environ contre les 350 bouches à feu de la Quarantaine, du fort Alexandre, et de la batterie de l'artillerie.

Aussitôt on signale le branle-bas de combat. Chacun court à son poste ; un cri s'élève : Vive la France ! vive l'Empereur ! On est ardent à combattre ; la pensée de la mort disparaît ; celle de la gloire, celle du patriotisme subsistent seules.

Le signal *mouiller suivant le plan donné* est arboré au

haut du vaisseau *la Ville-de-Paris*. « Aussitôt, dit M. le baron de Bazancourt dans son livre sur l'*Expédition de Crimée*, le *Charlemagne*, qui doit occuper l'extrémité de la ligne, se dirige rapidement à son poste, précédé du *Pluton*. Le *Montebello* le suit de près ; les batteries de la Quarantaine, et immédiatement après les autres batteries ennemies, concentrent leurs efforts contre ces navires. »

Ce fut un superbe spectacle de voir s'avancer simultanément ces deux lignes noires qui tout à l'heure, comme des cratères enflammés, vomiront le feu de leurs entrailles. Les vaisseaux à voiles sont conduits par les remorqueurs au poste de combat.

Déjà les vaisseaux de la première ligne se rangent tous de front, et, s'avançant sous le feu de l'ennemi, viennent jeter leurs ancres au poste assigné à chacun d'eux. Pendant ce temps, les vaisseaux de la deuxième ligne jettent aussi l'ancre et s'embossent dans les créneaux de la première. Les boulets ennemis sifflent dans les cordages, des bombes éclatent dans l'air ou s'enfoncent dans les flots ; mais de notre côté, le feu n'est pas encore commencé. Nos manœuvres s'exécutent avec ensemble, calme et régularité, sans que nous répondions au canon des forts. Tout à coup une immense acclamation, sortie de toutes les poitrines impatientes, domine la voix terrible de l'artillerie ennemie. C'est le signal d'ouvrir le feu qui vient d'être donné. Il est une heure.

A cette acclamation répondit un effroyable mugissement. Tous les vaisseaux venaient de lancer à la fois leurs bordées. Pendant cinq heures consécutives le bombardement continue dans les lignes françaises et anglaises.

Les forts, les vaisseaux, le ciel, la mer, sont enveloppés d'une fumée épaisse qui empêche de rien voir, de rien distinguer. Parfois l'on doit cesser le feu pour attendre une éclaircie qui permette de régler sur les batteries ennemies le tir devenu incertian.

Nos boulets produisaient bien quelques ravages sur les forts ; mais les Russes faisaient pleuvoir sur la carène de nos bâtiments les boulets creux de l'amiral Paixhans. Ces engins de gros calibre, lancés horizontalement par les pièces ennemies avec autant de justesse que des boulets pleins, se logeaient dans la muraille de nos frégates, à la hauteur et au-dessus de la ligne de flottaison, puis éclataient au bout de quelques secondes, en produisant une voie d'eau considérable.

L'attaque était commencée depuis une demi-heure à peine, que déjà la dunette du vaisseau-amiral, sur lequel se tenait l'amiral avec tout son état-major, est bouleversée, broyée par les éclats d'un boulet Paixhans tombé dans la chambre du capitaine de frégate. Les morts, les blessés, les vivants, pêle-mêle, étaient renversés au milieu des débris de cette portion du navire ; mais la *Ville-de-Paris* n'en continuait pas moins le feu avec un redoublement d'énergie, et l'amiral Hamelin, qui, par miracle, n'avait pas été atteint, était debout à son poste de commandement.

Vers deux heures et demie, le feu des batteries russes se ralentit. Il était éteint à la batterie de la Quarantaine. Si les Russes n'avaient pas sacrifié une partie de leur marine pour la couler bas devant le port et fermer ainsi l'entrée de Sébastopol, sans nul doute, après le premier feu essuyé, l'escadre eût pu donner dans les passes avec succès et forcer l'entrée du chenal.

A six heures, les vaisseaux se retiraient vers leur mouillage. La nuit était venue, et les ombres remplaçaient l'épais voile de fumée qui montait lentement vers le ciel et se perdait dans les nuages.

Parmi tous les bâtiments, le vaisseau *la Ville-de-Paris*

avait été le plus maltraité, et les vaisseaux anglais avaient le moins souffert.

Le gouvernement et les hommes compétents furent singulièrement frappés de ces effets explosibles auxquels nos vaisseaux en bois ou en fer ne pouvaient plus résister. Il fallait se résigner à ne plus compter en Europe comme puissance maritime ou aviser immédiatement au moyen de mettre désormais à l'abri du boulet Paixhans les vaisseaux de la flotte française. Des expériences eurent lieu, et amenèrent des résultats assez satisfaisants pour qu'on entreprît les dispendieux essais des cuirassés.

En 1848, l'amiral Labrousse avait proposé un projet de navire cuirassé à éperon. Ses idées, très-modifiées d'ailleurs, furent reprises alors par l'ingénieur français Guigosse ; et en 1855, trois navires cuirassés, ou plutôt trois batteries flottantes, furent construites, mises à l'eau, et envoyées dans la mer Noire, où elles réduisirent Kinburn. La *Lave*, la *Dévastation* et la *Tonnante* sont de gros chalands, pesant chacun 1,500,000 kilog., munis d'une machine de 300 chevaux, marchant difficilement, et seulement en calme plat. Leurs flancs sont bordés d'une puissante cuirasse en tôle, et à Kinburn, à 450 mètres des forts, ils recevaient sans presque en souffrir les avalanches de boulets de 42 et des boulets Paixhans.

La question des *cuirassés* était donc très-avancée déjà. La construction de la *Gloire*, sur un plan de M. Dupuy de Lôme, vint y donner une impulsion nouvelle. Commencée en 1856, mise à l'eau en 1859, la *Gloire* a été armée au mois d'avril 1860.

Sa membrure de bois est revêtue de fer d'une extrémité à l'autre, et jusqu'à deux mètres au-dessous de sa flottaison. Les plaques sont en fer forgé, d'un décimètre d'épaisseur ; elles sont appliquées sur les flancs du vaisseau par des boulons qui, perçant les plaques et toute la charpente, sont serrés en dedans par des écrous ou par des vis à bois, vissées dans la membrure aux deux tiers de son épaisseur.

La *Gloire* a peu de voilure ; elle possède une machine de 900 chevaux qui donnent une vitesse de 13 nœuds. Ses formes sont très-fines ; l'étambot est en pointe ; l'étrave est rentrante et non en saillie. Elle ne forme point un éperon proprement dit, mais elle peut en faire office à l'avant sur un plan horizontal. Deux canons de chasse ont été placés au-dessus du blindage ; elle est

armée de 32 canons, répartis dans deux grandes batteries.

La *Gloire* était un navire en bois. Un dernier progrès
était à faire : le blindage sur navire en fer.

Il y a moins de six ans, M. Audinet, ingénieur de la
marine, reconnaissant la supériorité des navires en fer
sur les navires en bois, chercha et résolut cette dernière
partie du problème. La frégate *la Couronne*, de 40 canons, a été blindée sur ses indications. Voici en quoi
consiste ce blindage :

Sur la membrure en fer à blinder : 1° une couche de
tôle ; 2° une couche de pièces de bois de 30 centimètres
d'épaisseur ; 3° une plaque de fer ; 4° une autre couche
de planches placées obliquement par rapport à la verti-
cale du navire, tenues à la première couche en tôle par
des vis à bois, traversant les trois couches ; 5° une
plaque en fer reliée au tout par des vis à bois qui traversent encore en les reliant les quatre autres couches.
L'épaisseur de cette dernière plaque est de 10 centimètres à la hauteur de la ligne de flottaison. La muraille
entière est donc de 40 centimètres de bois et de 17 centimètres de fer en trois couches. Soit, comme épaisseur
totale, 57 centimètres.

Nous ne voudrions pas abuser des détails. Chaque pays, chaque constructeur a son mode de blindage. Celui dont nous désirons donner une idée est le plus récemment employé dans la marine française. Mais quelles que soient les différences dans l'agencement des plaques, dans les épaisseurs et dans les dispositions des couches, le principe est toujours le même. C'est toujours couches de fer sur couches de bois, ou couches de bois sur couches de fer. La dernière armature extérieure est toujours la plus forte et construite avec le fer le mieux forgé. C'est à la ligne de flottaison, c'est-à-dire à l'endroit du navire où les blessures sont le plus dangereuses, que la cuirasse est le plus épaisse. La carène n'est donc pas également défendue dans toutes ses parties. Le roulis lui fait présenter des parties basses où le blindage est presque nul. Qu'un boulet arrive alors, il peut traverser la membrure, faire sauter la soute aux poudres ou crever les chaudières.

Le *Solferino* et le *Magenta* sont aujourd'hui les deux plus beaux et les deux plus grands navires cuirassés ordinaires de la marine française. Ils ont été bâtis sur le type de la *Gloire*. Ils sont armés, de plus qu'elle, d'un éperon de 20,000 kilog. Ces magnifiques vaisseaux portent 52 bouches à feu et une machine de 1,000 chevaux.

Depuis leur mise à l'eau, ces deux colosses ont eu à subir force coups de vent et force coups de mer. Ils n'accusent cependant aucun mouvement dans leur coque, aucune fatigue dans la menuiserie. Ils ont coûté chacun 5,700,000 fr.

En 1868, le gouvernement français, désireux de réunir sur un seul type et les avantages incontestables des cuirassés ordinaires, comme la *Couronne* ou la *Flandre*, et les précieuses dispositions des navires à tourelles dits *monitors*, fit construire la frégate cuirassée de premier rang *l'Océan.*

L'Océan porte sur l'étambot un éperon de 20,000 kil.; au milieu du navire un fort central, cuirassé plus solidement que le reste du navire, et séparé du reste de la carène par une cloison étanche très-épaisse et surmontée de quatre tours fixes légèrement en saillie sur le bordage, qu'on appelle tours en porte-manteau. Dans chacune de ces tours est un énorme canon mobile qui peut tourner et tirer dans toutes les directions. Le fort central est armé de huit pièces rayées ; la longueur totale, de 87 mètres 75 centimètres, est divisée en sept cloisons étanches. L'*Océan* porte une voilure de 2,000 mètres de toile.

Huit corvettes ont été faites sur le même modèle en 1868 et en 1869. Ce sont l'*Alma*, l'*Armide*, l'*Atalante*, l'*Indienne*, *Jeanne-d'Arc*, *Reine-Blanche*, *Thétis*.

Nous avions raison de dire, à propos des anciens trois ponts à voiles, que décrire l'un d'eux, c'était parler de tous les autres ; mais qu'aujourd'hui, l'uniformité des types disparue, il était nécessaire, pour donner une idée de la flotte française en 1870, d'entrer à chaque moment et presque pour chaque navire dans des détails de forme et d'armement.

Avant d'entamer le chapitre des navires à tourelles et des monitors, à propos desquels l'Amérique nous a donné l'exemple des tâtonnements et fourni les modèles les plus variés, il est nécessaire que nous parlions des cuirassés *garde-côtes*.

Autrefois, les voiliers de combat étaient en même temps garde-côtes. Avec nos grands cuirassés, la tactique navale est transformée. Concurremment à la construction des navires de combat, comme le *Solferino* et la *Couronne*, destinés à opérer au large, le département de la marine a créé une classe de blindés affectés spécialement à la défense des côtes. Ce sont les garde-côtes à tour et à éperon dont le *Taureau* est le type principal.

Le *Taureau* est plus qu'une batterie cuirassée flottante, et même plus qu'une frégate cuirassée. Ne devant jamais s'éloigner beaucoup des côtes, puisque sa mission est de les garder, il a besoin de peu de charbon. Son équipage est de 100 hommes, nombre restreint qui lui permet de n'emporter que peu de vivres, et lui laisse un espace considérable pour le matériel du combat. Il est entièrement muni d'une cuirasse de 15 centimètres d'épaisseur, qui l'enveloppe sur toute sa surface ; la tourelle fixe en fer qu'il porte à l'avant, a deux étages de 6 mètres de hauteur ; elle renferme un gros canon monté sur un affût à châssis tournant sur une plaque, comme les wagons sur les plaques tournantes des gares ; ce qui permet de tirer dans toutes les directions. Sa longueur totale est de 60 mètres, et sa plus grande largeur de 14 mètres. Il est mis en mouvement par deux hélices indépendantes, complétement engagées dans les parties immergées de la quille à 3 mètres en avant du gouvernail, et par une puissante machine qui donne une vitesse moyenne de 12 nœuds. L'éperon, placé à 2 mètres 50 au-dessous de la ligne de flottaison, pèse 18,000 kilog.

Le poids du bâtiment, sans compter l'éperon, est de 2,500 tonneaux.

C'est par la combinaison de son poids, de sa vitesse et de son éperon, que le *Taureau* est vraiment un des navires les plus redoutables de la flotte française. Lancé à toute vapeur sur le plus puissant cuirassé, le *Taureau* pourrait produire par la violence de son choc des effets de destruction incalculables : l'atteindre, le percer, y ouvrir une plaie large de plusieurs mètres, et se retirer en agrandissant la brèche avec les projectiles de 150 kil. de son énorme canon ; en voilà bien assez pour couler bas le *Solferino* lui-même et pour engloutir les 500 hommes de son équipage, et les 5,700,000 fr. qu'il a coûtés à la France.

Enfin, nous devons parler du plus gros et du plus curieux navire de la flotte française. Celui-là n'est ni un cuirassé ordinaire, ni un cuirassé à tourelles, ni un garde-côtes. Il a été construit en Amérique par M. Webb, acheté en 1868 par le gouvernement moyennant la somme de 12,500,000 fr. C'est le *Rochambeau*, jadis le *Dunderberg*.

Le *Rochambeau* a l'aspect d'un fort à murailles inclinées, posé sur un vaisseau plus long que le fort lui-même et très-bas sur l'eau. Ses flancs ne sont pas ronds comme sur tous les navires, même les navires cuirassés : ils forment un angle vif à l'endroit du raccord où commence le fort et où finit le vaisseau qui le porte. Aucune courbe n'arrondit cette jonction, et ne la fortifie.

Le *Rochambeau* a plutôt les qualités d'un navire de rivière que celles d'un bâtiment de mer. Il a un fond plat de 15 mètres de large au milieu. Sa longueur totale est de 115 mètres ; largeur du pont, 18 mètres 16. Il a un éperon de 15 mètres et tire 6 mètres d'eau. Sa casemate est percée de 22 sabords, dont 5 à l'avant et autant à l'arrière ; il est gréé en brick, et porte 1,040 mètres de voiles ; l'avant et l'arrière sont très-fins et au ras de l'eau.

Les bordages du *Rochambeau* sont en bois, mais d'une épaisseur de 2 mètres 50 à la hauteur du pont, de 2 mètres 40 à la flottaison. Le navire est partagé par quatre cloisons étanches, précaution que M. Paris, vice-amiral, considère à peu près comme inutile, puisque le *Rochambeau* est en bois, et que le bois travaille à la mer. L'intérieur de l'arrière protége les deux gouvernails, dont l'un est en avant, l'autre en arrière de l'hélice. L'hélice a 6 mètres 40 de diamètre, et est mue par une machine de 1,500 chevaux. Depuis 1867, elle a été perfectionnée en France et donne maintenant une vitesse de 15 nœuds.

Les Américains ont chanté les louanges de ce navire pendant plus d'une année. Selon eux, le *Rochambeau* était le dernier mot de l'art naval. Aucune force, aucune batterie ne pouvait lui résister. Ce devait être la terreur des mers et des ports, l'engin le plus épouvantable de destruction et de carnage. Nous n'osons le souhaiter ; mais ce qui est incontestable, c'est qu'assurément, si les services que peut rendre le *Rochambeau* sont en rapport avec son prix d'achat, c'est la merveille contemporaine de la marine militaire : 12,500,000 fr. pour un seul navire ! Voilà, dans tous les cas, ce qui ferme la bouche à ceux qui s'étonnent du nombre relativement restreint de nos navires cuirassés.

VI.

.

—

La France et l'Angleterre ont paru jusqu'ici préférer à tous autres modèles de navires de guerre le *cuirassé à batteries*, type *Solferino*. En Amérique, au contraire, les navires à tourelles ont prévalu. Quel est en définitive le type supérieur? Nul ne peut le dire d'une façon certaine. Avec les navires à batteries, on peut employer un grand nombre de canons à la fois, les manœuvrer sans mécanismes spéciaux, les transborder de babord à tribord, si les pièces sont démontées d'un seul côté, donner aux hommes qui les servent un volume d'air plus considérable que dans les tourelles ; de plus, le navire reste dans des conditions de navigabilité qui permettent d'employer les anciennes constructions, sans chercher des modifications radicales ; et si les batteries sont bien installées, les gros poids bien distribués dans la batterie centrale, l'équilibre général du vaisseau est parfait. Il est vrai que ce dernier avantage n'est possible à attendre qu'avec un certain nombre de pièces moyennes ; or, c'est une idée reçue maintenant qu'un canon de 1,000 livres vaut mieux que 20 caronades de 50, et que quatre ou cinq gros navires de chaque bord forment les meilleures batteries pour le combat naval. Avec un pareil système, ce n'est pas l'équilibre des pièces qui doit produire la stabilité du navire ; sur le pont, les navires à tourelles sont de beaucoup supérieurs aux navires à batteries.

Le grand inconvénient des navires à batteries, c'est la solidarité du tir et de la manœuvre du bâtiment : pour faire usage de l'artillerie sur les navires à batteries, il faut moins souvent changer la direction du bâtiment, et évoluer sans cesse. Avec la rapidité de l'hélice, rien de plus facile dans les évolutions des cuirassés ordinaires. Fort bien! répondent les partisans des tourelles; mais si l'hélice est brisée, si la profondeur des eaux vous force à garder la même position, vous en êtes réduits à recevoir les coups de canons sans pouvoir les rendre avec toutes vos pièces; et au bout de peu de temps, vous coulez.

On a donc construit des navires à tourelles pour que le tir soit complétement indépendant de la position du navire; ce n'est plus le bâtiment qui change de place, c'est la tourelle, ou même c'est le canon, lorsqu'il est en barbette. On peut donc tirer sur tout l'horizon, ou peu s'en faut.

La France a fait construire plusieurs navires à tourelles. Mais là encore nous trouvons des types différents. Nous avons déjà parlé du type *Océan* : il est en même temps à tourelles et à batteries. Nous ne voulons dire que quelques mots sur les navires à tourelles proprement dits, sur ceux qu'en souvenir du fameux *Monitor* qui se couvrit de gloire pendant la guerre d'Amérique, on a appelés d'une manière générale des *monitors*.

Les deux *monitors* de la flotte française sont blindés;

le pont, cuirassé lui-même, est très-bas sur l'eau ; ils sont munis de deux tourelles réunies par une passerelle. Dans ces tourelles mobiles sont installés de puissants canons, qui peuvent tirer tout en manœuvrant et tout en faisant agir l'éperon, ce que ne sauraient faire les navires à batteries. Lorsque le *monitor* est en marche, les écoutilles sont soigneusement fermées, les vagues couvrent presque le fond, et la mer vient frapper les tourelles comme sur un écueil. Chose bizarre ! les *monitors* sont peu rouleurs ; en revanche ils sont peu marcheurs et incapables de soutenir un mauvais temps ; ils ne tirent pas beaucoup d'eau, et sont destinés à la défense des baies et des embouchures des fleuves. A ce point de vue, le *monitor* est un navire très-remarquable. Le peu de hauteur de sa coque lui fait une défense de l'eau, comme les murs des places fortes en trouvent derrière les glacis de gazon.

Lorsqu'il s'agit de gagner la haute mer, le *monitor* doit céder la place à l'*Océan* ; et certes, ce dernier type présente les qualités maritimes et offensives les plus remarquables. Il a, comme le fait remarquer M. le vice-amiral Paris pour tous les navires à tourelles, l'immense avantage de présenter le moins de surface possible pour le même nombre de canons; par suite, de pouvoir être blindé plus fortement pour les mêmes dimensions du navire ; d'avoir des sabords aussi petits que possible; de ne pas les affaiblir par des côtés chauffreinés, et par conséquent de pouvoir les fermer lorsque cela est nécessaire; d'avoir les deux sabords détournés du feu en sept ou huit secondes, et dès que les coups sont partis, afin de mettre les hommes et les pièces à l'abri des boulets ennemis pendant qu'on charge; de placer les canons aussi haut que possible relativement au développement de la surface de la cuirasse; de les mettre en retrait du plat-bord de manière à être moins gênés par l'eau avec du gros temps, qui réduirait les batteries à une inaction complète; de séparer les hommes et les pièces de manière à limiter les ravages d'un boulet qui pénétrerait; de tirer naturellement et dans la direction de la quille, sans nécessiter de pièces spéciales pour la chasse ou la retraite; de pouvoir se mettre debout à la mer pour ne plus rouler, et cependant tirer dans toutes les directions ; de concentrer naturellement le feu de ses deux canons sans que la distance du but ait une influence sensible (les tourelles sont dirigées par des mécanismes non moins invulnérables que ceux des affûts de batterie); d'établir les canons d'une manière au moins aussi sûre qu'avec les affûts à coulisse ; de faciliter l'usage des plus grosses pièces ; de blinder les tours avec des plaques plus épaisses ; ce qui, en profitant de l'obliquité du navire, augmente par le fait l'épaisseur de tout le blindage ; d'avoir le pointage en direction plus facile et plus libre en visant par-dessus la tour. Tels sont les navires à tourelles.

Nous ne répéterons pas ici ce que nous disions plus haut à propos des huit corvettes de ce genre qui ont été créées sur le modèle de l'*Océan ;* mais on peut croire que cette ingénieuse idée qui réunit sur le même bâtiment les avantages des deux systèmes, des batteries et des tourelles, a tracé la voie dans laquelle tous nos ingénieurs contemporains vont diriger leurs efforts et leurs travaux.

Navires sous-marins.

—

Enfin nous devons parler, pour compléter ces notions générales sur nos forces navales, du bateau sous-marin de l'amiral Bourgois et de M. Brun, ingénieur de la marine, *le Plongeur*, commandé par M. Doré, lieutenant de vaisseau.

Il y a longtemps qu'on parle de bateaux sous-marins ; mais jusqu'au *Plongeur*, tous les plans proposés avaient été reconnus inexécutables. En effet, jusque-là, c'était la vapeur qu'on voulait employer pour faire mouvoir l'hélice ; de là la grande difficulté de procurer aux foyers l'air nécessaire pour la combustion. C'était déjà une question que de savoir si l'on pouvait procurer à l'équipage l'air indispensable à la vie. Le *Plongeur* a résolu la question en une seule fois.

En effet, dans ce navire sous-marin, plus de machines à vapeur. L'hélice est mue par une machine à air comprimé, et les réservoirs d'air servent en même temps à la vie des marins. De plus, comme cette force motrice peut en même temps devenir un moyen de changer le poids du bâtiment, le ramener à la surface de la mer par l'expulsion, le faire descendre au contraire par l'introduction de l'eau, le *Plongeur* se trouve presque exactement dans les conditions d'un poisson qui monte et qui descend, qui nage entre deux eaux, qui vit, en un mot, dans l'eau, son véritable élément.

Le *Plongeur* est plein de grands réservoirs d'air comprimé ; de nombreux tuyaux transportent cet air dans toutes les parties habitées du navire, et particulièrement à la machine. La longueur du bateau est de 42 mètres 50, sa largeur 6 mètres, et sa profondeur 3 mètres.

Dans le premier plan, le pont était une surface parfaitement unie avec des verres lenticulaires. Mais, par mesure de sécurité, on ajouta un canot de sauvetage qui s'adapta sur la surface supérieure, à l'aide d'un renflement. Avec ce canot, on peut remonter à la surface de la mer, sans que l'eau entre dans le *Plongeur* et sans que les hommes du canot soient immergés. L'observatoire est un tube cylindrique en tôle relié à la carapace, au-dessus de laquelle il s'élève à un mètre 40. Au haut de cet observatoire, garni de huit verres, se trouve une porte en charnière par laquelle on sort et on entre dans le bateau. A côté de l'observatoire se trouvent deux gros cylindres en bronze, où l'eau peut entrer. Ce sont les cylindres régulateurs. En y laissant entrer une masse plus ou moins grande, on descend plus ou moins vers le fond. Pour arriver à ce résultat, on fait manœuvrer par une simple vis un piston qui est à l'intérieur de ces cylindres. Le piston monte dans le cylindre, expulse l'eau; l'air entre par un trou. Le navire remonte. S'il laisse, au contraire, place à l'eau, le navire redescend.

L'air qui fait mouvoir la machine est comprimé à douze atmosphères. Ce n'est pas là une force énorme, mais elle est suffisante pour faire marcher l'hélice d'une vitesse moyenne. La pression intérieure doit toujours être supérieure à la pression extérieure. C'est une précaution indispensable pour être toujours maître de remonter facilement, quoiqu'il suffise, pour naviguer entre deux eaux, que l'équilibre soit parfait entre la pression intérieure et celle du dehors. Pour maintenir cet équilibre, un homme a sans cesse les yeux sur un baromètre à air comprimé, et un autre qui communique avec l'extérieur par un tuyau.

Les cylindres ont des soupapes d'échappement ; et lorsqu'elles fonctionnent, un refroidissement se fait sentir dans l'intérieur. On sait en effet que l'air, en se comprimant, s'échauffe ; en se dilatant, se refroidit. Souvent ce refroidissement produit dans la chambre une brume épaisse qui gêne momentanément la manœuvre, mais qui disparaît lorsque la machine se remet en marche, et qu'alors la pression redevient suffisante. Toutefois, ces changements de pression intérieure occasionnent des maladies, surtout si ces changements sont brusques. Le *Plongeur* n'a pas dépassé une atmosphère ; le pouls des marins était plus rapide ; ils éprouvaient quelques douleurs aux oreilles, mais c'était tout.

C'est après avoir terminé son action sur les pistons et dans la machine que l'air se répand dans les parties du navire pour alimenter la respiration de l'équipage.

Le *Plongeur* a trois gouvernails : un gouvernail ordinaire servant à la direction, et deux autres latéraux placés à l'arrière pour monter ou descendre.

La transmission des ordres se fait par des tuyaux de gutta-percha, et l'éclairage est tantôt à l'huile, tantôt à la lumière électrique.

Il n'est pas difficile de retrouver dans les conquêtes positives de la science, auxquelles l'imagination s'est plu à ajouter des embellissements plus contestables, l'extraordinaire et fantaisiste *Nautilus*, avec son capitaine *Nemo*, tels que vient de les lancer dans le public, sous le titre de *Vingt mille lieues sous les mers*, l'ingénieux auteur de tant d'autres ouvrages de science amusante, M. Jules Verne.

VIII.

Où s'arrêteront les perfectionnements maritimes ?

—

L'apparition dans l'art naval des navires cuirassés
était, non-seulement pour la France, mais pour toutes
les nations commerciales et maritimes, le signe d'une
véritable révolution.

Depuis l'invention de la poudre et l'adaptation sur
les vaisseaux des canons et des bombardes, plus tard
des caronades, aucun événement ne pouvait jeter plus

de trouble dans le système des moyens de défense et d'attaque, sur mer et sur les côtes.

Comment protéger, en effet, contre ces forteresses mobiles et inexpugnables, munies d'engins de destruction pour ainsi dire irrésistibles, l'innombrable flotte de paquebots et de transports qui porte sur l'Océan les richesses maritimes des nations? Comment défendre les ports, les havres, les plus simples refuges, contre les surprises des énormes obus lancés par un monstre invulnérable? Autant se résoudre passivement, se disait-on, et supporter le feu sans y répondre.

De là, de cette préoccupation, un double problème : le problème de la défense et celui de l'attaque. Chercher un moyen de porter plus loin le boulet, et avec plus de force ; et par contre, un moyen correspondant pour résister à ce boulet avec d'autant plus d'invulnérabilité, qu'on l'imaginait plus lourd, plus menaçant, plus terrible.

Dans cette étude, dans ce mouvement de recherches, on dirait que les deux principales nations de l'Europe se sont partagé la peine et le travail. L'Angleterre a cherché le perfectionnement du canon. Et cela se comprend : toutes ses villes sont des ports, il fallait pouvoir

les défendre. Les richesses de la France sont, au contraire, plus continentales ; elles ont moins à craindre
les ravages des flottes ennemies. Aussi la France a-t-elle
surtout cherché le problème de la défensive, dans le
blindage des navires.

Mais de cette ardeur parallèle , de ce travail sur l'offensive et la défensive, fait concurremment par les plus
puissantes nations du globe, qu'est-il résulté? Plus les
moyens d'offensive deviennent exagérés, plus ceux de
défensive le sont aussi. Le jour où un nouveau canon
vient triomphalement au monde, l'année où un boulet
plus dangereux sort des forges anglaises, un blindage
plus puissant et capable de lui résister se construit sur
les chantiers français. Alors l'Angleterre cherche une
nouvelle machine, un nouveau canon, un nouveau
boulet, la France un nouveau blindage, et tout est à
recommencer. C'est une marche ascendante vers la perfection; mais c'est un progrès complétement inutile ,
puisqu'il ne laisse la supériorité à personne ni à rien, ni
à la France, ni à l'Angleterre, ni à l'Amérique, ni à
l'offensive, ni à la défensive.

C'est donc la certitude de but qui manque. On ne
prévoit pas où s'arrêteront la puissance du canon et la

force du blindage. La seule chose qui soit malheureusement trop certaine, c'est la dépense extraordinaire que coûtent aux gouvernements , d'ailleurs les plus pacifiques, ces tentatives sans cesse renouvelées en vue d'une guerre dont on ne voit pas actuellement la possibilité.

La France a dépensé bien des milliards pour les cuirassés. Outre les frais de construction, qui sont considérables, il faut ajouter le prix des plaques de fer qui les garnissent entièrement. Ils valent, dit M. Paris dans son *Art naval de* 1867, « 1,000 fr. le tonneau de placement, machine comprise ; cela ferait 172,000,000 fr. de coque et armement, ainsi que 39 millions de machines ; voilà donc près d'un milliard de matériel flottant. Combien coûte-t-il d'entretien ? combien dure-t-il ? Les budgets sont là pour le dire ; et si, en moyenne, ces 112,000 chevaux fonctionnaient le quart seulement de ce que font ceux des paquebots , c'est-à-dire 25 jours par an, ils dévoreraient, à raison de 5 kilog. par heure, et par cheval nominal, pour 17 millions de charbon, sans compter l'entretien, vivres , salaires et administration. »

IX.

**Personnel de la Marine française. — Établissements ,
Hiérarchie maritime. — Inscription maritime.**

—

ÉCOLE DE MARINE. — CORPS DES OFFICIERS.

Jusqu'ici nous n'avons étudié qu'un des éléments de la *marine française*. Nous savons maintenant ce que fut depuis le Ier siècle et ce qu'est de nos jours le navire proprement dit, le bâtiment en lui-même. Certes, la France doit un large tribut de reconnaissance aux savants, aux ingénieurs qui contribuèrent par leurs études et leurs calculs à l'amélioration de la construction navale. Mais qu'est-ce que le vaisseau, sans le marin qui

le monte et le capitaine qui l'anime en le dirigeant ?
Rien qu'une machine plus ou moins parfaite. Tout gréé,
tout cuirassé, tout invulnérable qu'il soit, tout parfait
qu'il sorte du chantier, c'est un engin inutile, sans
l'équipage et l'état-major qui le mène au combat.

C'est à juste titre que la France se glorifie des coura-
geux officiers de marine et des intrépides matelots qui
sortent de nos écoles. Cela n'a rien d'étonnant, d'ailleurs,
quand on étudie de près l'éducation maritime accomplie
que reçoivent les uns et les autres.

Comme une école admirablement graduée, notre
marine française offre toute une série d'institutions
nautiques, où les enfants qui seront plus tard le *corps*
de notre flotte sont préparés par d'intelligents enseignements.

D'abord nous trouvons l'établissement, fondé en 1860,
d'une *salle d'asile*, où six cents enfants de trois à sept
ans sont placés sous la direction des Sœurs de la
Sagesse, dirigées elles-mêmes par un comité de dames
patronesses que préside la femme du préfet maritime.
Les pères de ces enfants sont tous agents divers de la
marine, marins ou ouvriers.

De la salle d'asile, l'enfant passe à l'établissement

vraiment professionnel des *pupilles de la marine*. Cet établissement, fondé par décret impérial, sur la proposition de M. le marquis de Chasseloup-Laubat, alors ministre de la marine, a place pour huit cents orphelins de marine et d'ouvriers des arsenaux. Un lieutenant de vaisseau, des adjudants, seconds maîtres, quartiers-maîtres et matelots, brevetés instructeurs, sont répartis comme commandant, surveillants et professeurs de ces enfants, auxquels des sœurs à l'infirmerie et un médecin attaché à la maison même donnent les soins dévoués qui auraient pu leur manquer dans leurs familles. Les éléments d'une instruction première leur sont seuls donnés, et consistent dans la lecture, l'écriture et les premières règles du calcul.

Quant à ce qui touche leur carrière de marins, déjà l'attention s'y porte d'une manière rigoureuse : comme à bord d'un navire, ils sont répartis en bordées, compagnies, escouades et séries, et sont habitués sur une petite corvette, qui a été construite au fond de la cour, à la manœuvre des voiles, à la connaissance du gréement et de la mâture. Ils suivent les exercices de l'école de matelotage, de l'école de sifflet, de l'école de nage dans les embarcations, de l'école de soldat sans armes, de l'école de fifres, et d'autres encore se rattachant toujours, bien entendu, à la marine.

Levés à cinq heures, couchés à huit, ils font quatre repas par jour, et vont deux fois en classe et deux fois à l'exercice. A treize ans, ils quittent cette remarquable institution, dont l'organisation intelligente est due à M. le vice-amiral comte de Gueydon, et qui familiarise le marin dès l'âge le plus tendre avec tout ce qui, plus tard, constituera sa vie. Ils entrent alors, s'ils remplissent les conditions exigées pour être reçus à l'école des mousses, à bord du vaisseau-école des mousses en rade de Brest, ou bien à bord de la *Bretagne*, s'ils se destinent à la timonerie ou à la canonnerie.

Quant à l'*école navale* (le Borda), elle n'est destinée qu'aux futurs officiers. L'école navale ne fut pas toujours à bord d'un navire. Sous Louis XVI, époque de sa création, Vannes et Alais étaient le siége de cette école et recevaient, la première les jeunes gens des familles du nord et du nord-ouest, la seconde ceux du sud et du sud-est.

Ce fut sous Napoléon Ier qu'elles furent établies sur deux navires, *le Duquesne* et *le Tourville*; l'un à Toulon, l'autre à Brest. Mais le changement opéré alors fut trouvé dur par bien des familles ; et pour éviter aux élèves la vie qu'on menait alors sur les bateaux-écoles, Decrès, ministre de la marine, demanda à l'Empereur de transporter ces écoles dans des casernes. On raconte que l'Empereur, sur la demande du ministre, s'écria . « A terre ! C'est comme si l'on demandait au ministre de la guerre de mettre l'école de cavalerie sur un vaisseau. — Oh ! pas tout à fait, sire ! — Tout à fait, au contraire.... Monsieur l'amiral, savez-vous un moyen d'élever les enfants sous l'eau ? — Non, sire. — Eh bien ! donc, jusqu'à ce que vous l'ayez trouvé, élevez-les dessus (1). »

La Restauration ne conserva pas l'organisation que Napoléon Ier avait donnée à l'école navale, et la fit transporter à Angoulême, où elle resta jusqu'en 1827, puis à Brest, où nous la voyons encore maintenue.

« Les candidats à l'école navale ne doivent pas avoir dépassé seize ans au 1er janvier de l'année où ils concourent ; mais il n'y a pas de minimum d'âge. Toutefois, si le candidat justifie d'une année de navigation ou d'une campagne au delà de l'équateur, il peut être admis

______

(1) *Merveilles de l'Art naval*, par Léon Renard, 1 vol. in-12, 1866.

jusqu'à l'âge de dix-huit ans. Pour en sortir, il faut satisfaire, après deux ans de séjour, à un examen répondant sur toutes les connaissances théoriques et pratiques
qui y sont enseignées ; on obtient alors le grade d'aspirant de seconde classe.

« L'école est commandée par un capitaine de vaisseau, ayant sous ses ordres plusieurs officiers et professeurs chargés, soit de la police et de la tenue du
vaisseau, soit de professer les divers cours scientifiques
spéciaux ou pratiques. Le nombre des élèves y varie,
selon les besoins du service, de cent à cent quatre-
vingts. L'enseignement s'étend à toutes les branches
de l'art naval, aux sciences mathématiques ou phy-
siques, à la langue anglaise, au dessin et à la littérature. Le prix de la pension et du trousseau est indiqué
par un document spécial publié chaque année ; mais le
gouvernement accorde des bourses et des portions de
bourses à ceux dont les parents sont dans des positions précaires de fortune, et de préférence aux élèves
dont les pères ont été tués au service ou sont morts des
suites de leurs blessures (1). »

(1) *Dictionnaire de marine à voile et à vapeur*, par MM. le baron
de Bonnefoux et Paris.

C'est de ces écoles que sortent les braves officiers qui doivent commander nos vaisseaux. Heureux ceux qui, après avoir passé par tous les grades, arrivent, non pas, comme on dit, à gagner le bâton de maréchal, mais bien l'épaulette de capitaine de vaisseau, de contre-amiral, de vice-amiral et d'amiral, le plus haut grade de la marine militaire.

Louis XIV établit en 1669 deux vice-amiraux : l'un, pour la Méditerranée, portait le titre de vice-amiral du Levant ; l'autre, pour l'Océan, s'appelait vice-amiral du Ponant. Jusqu'en 1789, les divisions des flottes nommées escadres étaient placées sous les ordres d'un chef d'escadre. Depuis cette époque, les commandants d'escadre ont porté le nom de *contre-amiraux*.

Les capitaines de vaisseau et de frégate viennent après les officiers généraux, commandent les vaisseaux de ligne, et prennent le titre de capitaines de pavillon quand leur vaisseau est monté par un officier général.

Les lieutenants de vaisseau commandent en l'absence des capitaines. Il y avait autrefois des majors de marine entre les capitaines et les lieutenants de vaisseau. Ces derniers sont quelquefois chargés du commandement des frégates.

Les enseignes de vaisseau tirent leur nom de cette particularité, que, dans l'origine de la marine française, ils étaient chargés de protéger l'enseigne ou pavillon de poupe.

Enfin, les aspirants, qui viennent après, sont les jeunes gens qui, sortis avec succès de l'école navale de Brest, font un stage à bord des vaisseaux de guerre pour se préparer au commandement. C'est donc l'école de Brest qui forme l'état-major de nos flottes. Quant à l'*équipage*, nous allons le voir immédiatement, c'est l'*inscription maritime*.

INSCRIPTION MARITIME.

Sous l'ancienne monarchie et jusqu'au milieu du xviie siècle, la marine royale se recrutait par enrôlements volontaires, et, en cas d'insuffisance, par la *presse*. Colbert établit, sous le nom de *classes*, un enrôlement général des matelots, et l'essaya pour la première fois, en 1665, dans trois provinces maritimes. Dès 1668, le principe d'enrôlement fut posé ; l'ordonnance de 1689 le consacra, et divisa les matelots en trois ou quatre classes, suivant les provinces. Une classe ou deux servaient successivement pendant une année dans la marine royale. L'enrôlement était perpétuel et obligatoire.

Un décret de 1791 permit aux marins de s'exempter de leur profession à l'âge de cinquante-six ans.

Tous ces systèmes de recrutement ont amené l'*inscription maritime*, qui est une des plus belles institutions militaires de France. L'esprit de prévoyance, d'humanité, d'équité, y est si bien concilié avec l'impérieux besoin du service de l'Etat, qu'aucun établissement analogue n'a été encore fondé chez les autres puissances.

Tous les gens de mer et tous les ouvriers des professions maritimes, tant dans la marine impériale que dans la marine marchande, qui servent la flotte ou qui peuvent être appelés à la recruter ou à travailler dans les arsenaux, sont classés sur un état nominatif et forment quatre classes qui, par ordre de rang, fournissent le contingent maritime. Tous les hommes, depuis dix-huit ans jusqu'à cinquante ans révolus, sont compris dans cet état :

Première classe, célibataires sans enfants.

Deuxième, veufs sans enfants.

Troisième, mariés sans enfants.

Quatrième, pères de famille.

Tous sont soumis, pour le recrutement de la flotte, à une levée permanente et à une levée spéciale. La levée permanente se fait par ordre de classes. On épuise la première avant de passer à la deuxième, et ainsi de suite, tant que le contingent n'est pas rempli. La levée spéciale sert de supplément à la première en cas de besoin, et s'effectue dans toutes les classes à la fois, en commençant par les hommes qui ont le moins de services et le moins de charges de famille. Les inscrits, ouvriers ou marins, ne doivent pas s'absenter plus de huit jours de leur domicile sans une permission écrite du commissaire de leur quartier.

En temps de paix, même au service, ils peuvent, en renonçant à la profession d'homme de mer, se faire rayer de l'inscription maritime un an après leur déclaration. Le recrutement militaire de la flotte fournissant un contingent à la marine, si un marin de cette provenance veut quitter la flotte avant d'avoir fini son temps de service, il l'achève dans l'armée de terre.

Les inscrits jouissent de divers priviléges, dont les

principaux sont : dispense de tous services publics autres que ceux résultant de l'inscription ; exemption du recrutement militaire ; à cinquante ans, après trois cents mois de navigation au commerce ou mixte, ou le même temps de service dans les arsènaux, droit à une demi-solde, augmentée de 6 ou 9 fr. par mois, si le retraité a soixante ans d'âge ; secours mensuel de 2 ou 3 fr. pour chacun de ses enfants jusqu'à l'âge de dix ans révolus ; réversibilité sur sa veuve âgée de quarante ans de la moitié de sa demi-solde obtenue ou seulement méritée, et secours mensuel intégral pour ses enfants ; en cas de prédécès de la veuve, réversibilité sur les enfants du tiers de la demi-solde du père ; indemnité pour perte d'effets et rapatriement aux frais du gouvernement de tout naufragé sur un bâtiment de l'Etat ; mêmes droits à peu près par privilége sur les débris et le fret sur les bâtiments du commerce ; et en cas d'insuffisance, parachèvement de l'indemnité par l'Etat ; supplément de solde égal au quart de la somme fixe aux femmes d'ouvriers *levés* pour les arsenaux, etc.

L'inscription maritime, telle qu'elle existe aujourd'hui, a été organisée et dénommée par la loi du 3 brumaire an IV (25 octobre 1795). En 1847, son effectif fut de 67,000 hommes, et en 1854, de 160,014.

Branle-bas de combat.

(*Richesses maritimes.*)

X.

Les Aumôniers de la Flotte. — La Prière à bord d'un vaisseau.

—

Quelle admirable organisation que cette hiérarchie maritime! Quelle merveille que ce vaisseau de ligne, véritable ville flottante, ayant ses lois et ses mœurs comme un État, sa destinée, sa vie personnelle, comme un être intelligent.

Et dans cette république des mers, quel sentiment de l'ordre! quelle conscience de ce principe nécessaire d'autorité, si méconnu de nos jours! quel respect surtout des choses saintes et de la religion!

A la tête du navire sont deux hommes également respectés, également nécessaires à la vie du marin : l'un guide les corps, le capitaine ; l'autre guide les âmes, l'aumônier. L'un est responsable de la carcasse de son navire, de l'existence de ses hommes; l'autre est responsable aussi de la pensée, de l'âme de cet équipage confié par Dieu à sa garde. Le premier combat la tempête, résiste à la fureur des éléments, cherche l'ennemi commun, le canonne, le disperse ; le second combat une tempête plus terrible encore, celle des passions humaines, dans cette population de douze cents matelots; lui aussi cherche l'ennemi commun : le mal ; il le poursuit, il le lasse ; Dieu aidant, il l'anéantit.

Celui qui n'a jamais fait sur mer un de ces lointains voyages qui permettent de saisir exactement l'esprit de ces populations maritimes embarquées loin *du natal*, comme elles disent, ne savent pas combien les sentiments religieux sont puissants dans le cœur de ces braves gens.

Là, point de respect humain : tout le monde se signe quand l'éclair brille ; tout le monde croit à Dieu, et ne s'en cache point ; tout le monde s'agenouille et prie ; la Vierge et les saints y sont vénérés plus que dans aucun lieu du globe. L'aumônier, le ministre sacré de cette religion dans laquelle ces rudes matelots français sont tous nés, est l'objet des plus grandes déférences et des plus justes sympathies.

Et vraiment il est bien le père de tous et de chacun ; c'est lui qui intercède auprès des officiers lorsqu'une punition sévère frappe l'un d'eux ; c'est lui qui les console, lorsque le souvenir du pays leur vient du cœur avec leurs larmes ; c'est encore lui qui demande à Dieu pour eux l'énergie qui doit les fortifier dans les combats.

Sainte union, noble paternité de l'âme, quel est l'homme assez endurci pour ne pas voir et comprendre la sublimité de vos divins rapports ? Sur cette mer, sous ce ciel immenses, au souffle sauvage de ces tempêtes, devant cet équipage recueilli, qui ne se sentirait attendri, touché, convaincu ?

Qu'il nous soit permis de rappeler ici une des plus éloquentes pages de notre Chateaubriand, racontant la prière du soir à bord d'un vaisseau. Rien ne peint mieux les impressions profondes qu'un pareil spectacle peut faire naître dans un grand génie et surtout dans un génie religieux.

« Le globe du soleil, dit-il, dont nos yeux pouvaient

alors soutenir l'éclat, prêt à se plonger dans les vagues étincelantes, apparaissait entre les cordages du vaisseau, et versait encore le jour dans des espaces sans bornes. On eût dit, par le balancement de la poupe, que l'astre radieux changeait à chaque instant d'horizon. Les mâts, les haubans, les vergues du navire étaient couverts d'une teinte de rose.

« Quelques nuages erraient sans ordre dans l'orient, où la lune montait avec lenteur. Le reste du ciel était pur; et à l'horizon du nord, formant un glorieux triangle avec l'astre du jour et celui de la nuit, une trombe chargée des couleurs du prisme s'élevait de la mer comme une colonne de cristal supportant la voûte du ciel.

« Il eût été bien à plaindre, celui qui, dans ce beau spectacle, n'eût pas reconnu la beauté de Dieu! Des larmes coulèrent malgré moi de mes paupières, lorsque tous mes compagnons, ôtant leur chapeau goudronné, vinrent à entonner d'une voix rauque leur simple can-tique à Notre-Dame de Bonsecours, patronne des mari-niers. Qu'elle était touchante, la prière de ces hommes qui, sur une planche fragile, au milieu de l'Océan, con-templaient un soleil couchant sur les flots! Comme elle allait à l'âme, cette invocation du pauvre matelot à la Mère de douleur! Cette humiliation devant celui qui envoie les orages et le calme; cette conscience de notre petitesse à la vue de l'infini; ces chants s'étendant au loin sur les vagues; les monstres marins étonnés de ces accents inconnus se précipitant au fond de leurs gouffres; la nuit s'approchant avec ses embûches; la merveille de notre vaisseau au milieu de tant de merveilles; un équipage religieux, saisi d'admiration et de crainte; un prêtre auguste en prière; Dieu penché sur l'abîme, d'une main retenant le soleil aux portes de l'occident, de l'autre élevant la lune à l'horizon opposé, et prêtant à travers l'immensité une oreille attentive à la faible voix de sa créature, voilà ce que l'on ne saurait peindre et ce que tout le cœur de l'homme suffit à peine pour sentir. »

XI.

Marins, Navigateurs, Amiraux, Ingénieurs maritimes français.

—

Nous venons de voir et de suivre pour ainsi dire l'enfant du marin, recueilli par les établissements de l'Etat et conduit jusqu'au bord du vaisseau où, du rang de novice, il arrive successivement à celui de matelot, de maître, et quartier-maître; d'autre part, l'élève de marine, recevant sur le *Borda* et à l'école de Brest l'énergique et savante éducation qui doit l'amener un jour au grade de capitaine de vaisseau ou d'amiral, en passant par les différents degrés de la filière hiérarchique.

Mais ce que nous n'avons pas vu, ce que les limites de notre travail nous empêchent de suivre, c'est l'histoire de tous ceux qui, chacun dans sa phère, chacun par un caractère de distinction spécial, ont illustré le glorieux uniforme qu'ils ont porté.

L'histoire de la marine française est pleine de ces biographies à jamais célèbres par une foule de découvertes lointaines, de combats acharnés, d'expéditions audacieuses, de croisières et de poursuites victorieusés, de retraites habiles, par les mille grands détails qui constituent la vie de l'officier de marine en lutte avec la tempête, les glaces du Nord, les feux du Midi, les instincts féroces des peuplades sauvages. Qui ne connaît, en France, en Europe, que dis-je? dans le monde entier, les exploits des Duquesne, des Jean Bart, des Duguay-Trouin, des Suffren, des Duperré, des Linois, des Bougainville, des Lapérouse, des Dumont d'Urville, des Belot?

Duquesne est une figure populaire dans la marine française. Né à Dieppe en 1610, d'un capitaine de vaisseau, originaire d'un port de mer alors fameux par ses navigateurs, Duquesne, élevé au milieu des marins, ne pouvait manquer de vocation pour cette rude et attrayante carrière. Il resta toujours ce qu'il fut dès sa jeunesse, marin dans l'âme, énergique et simple, ennemi de tout faste et de tout apparat, même au sein de la gloire du triomphe, très-peu disposé à fréquenter les grands d'alors et la cour éclatante de Louis XIV, dont les allures contrastaient trop vivement avec son rude caractère et son langage exempt de tous artifices.

Rien ne caractérise mieux la physionomie originale de Duquesne que sa réponse au marquis de Seignelay en plein Versailles. Seignelay, très-fier de montrer à Duquesne les splendeurs de la résidence royale, très-flatté peut-être aussi de montrer le grand Duquesne à toute une population de courtisans curieux et moqueurs, mais très-pénétrés au fond de patriotisme national, demandait au rude marin qu'il conduisait ce qu'il trouvait de plus surprenant à Versailles. « C'est de m'y voir, » répondit-il.

Si Duquesne savait être fin et spirituel à la cour, il y eut des jours où devant l'ennemi, trouvant le secret de la véritable éloquence, il prononça de fières et admirables paroles dont notre histoire est jalouse encore de répéter l'écho.

En 1646, Duquesne avait équipé lui-même une petite flotte et faisait voile vers l'embouchure de la Gironde pour bloquer Bordeaux. Un matin, il fit rencontre d'une flotte anglaise dont l'amiral le somma en passant de baisser pavillon. Duquesne répondit : « Le pavillon français, tant qu'il sera sous ma garde, ne subira point d'affront ; c'est le canon qui décidera de cette affaire. » La supériorité de l'ennemi ne l'arrêta pas, et les Anglais s'enfuirent après un rude engagement.

Son plus terrible et plus célèbre adversaire fut Ruyter. Toutes les fois que les flottes de ces deux grands marins se rencontraient sur les mers, le vaisseau de l'un attaquait immédiatement le vaisseau de l'autre, comme ces chefs fameux de l'*Iliade* qui, devant les armées réunies, se combattaient corps à corps et décidaient de la victoire nationale par leur succès personnel ; ainsi le navire qui portait Ruyter provoquait la frégate que montait Duquesne, et un duel monstrueux s'engageait entre les deux rivaux.

C'est ainsi qu'à la bataille de Lipari, le *Saint-Esprit*, vaisseau-amiral de Duquesne, et la *Concorde*, qui portait le pavillon de Ruyter, se foudroyèrent bord à bord pendant une heure.

Comme tous les grands cœurs, Duquesne respectait autant qu'il bravait son généreux adversaire. Après le combat de Palerme, où périt Ruyter, l'intrépide Dieppois poursuivit et captura une frégate hollandaise. Ayant appris que ce bâtiment, qui était peint en noir, et couvert de crêpes funèbres, portait en Hollande le cœur de Ruyter, il voulut visiter la chambre où était déposé le vase d'argent qui le renfermait. Il s'inclina devant cette urne avec déférence et s'écria : « Voilà les restes d'un grand homme qui a trouvé la mort au milieu des hasards qu'il avait bravés tant de fois. » Puis se tournant vers le capitaine : « Votre mission, lui dit-il, est trop respectable pour que je vous arrête. » Et il lui présenta un sauf-conduit.

Ce grand marin eut une mort digne de sa vie ; et on raconte qu'avant de rendre le dernier soupir, préoccupé et affligé des troubles qui agitaient la France, il fit jurer à son fils de ne jamais, quoi qu'il arrivât, porter les armes contre sa patrie.

Jean Bart est encore une de ces énergiques physionomies qui ont passé dans le souvenir des marins de génération en génération, et qui nous sont arrivées intactes, vives, intéressantes s'il en fût jamais.

Fils d'un pêcheur, Jean Bart, né à Dunkerque en 1651, resta pour ainsi dire *matelot* toute sa vie.

La peinture, la gravure, la sculpture, la littérature,

la poésie même, ont assez souvent représenté Jean Bart, à cheval sur un canon, la pipe à la bouche, le poing sur la hanche, pour qu'il soit besoin de définir ici sa robuste tournure.

Son plus grand fait d'armes est sa sortie de Dunkerque, avec sept frégates, quelques milliers de matelots, et des munitions pour huit jours; il débloqua ce port malgré la croisière anglaise, tomba sur elle, lui brûla. quatre-vingts vaisseaux, fit une descente victorieuse à Newcastle, et revint avec un immense butin.

Appelé à Versailles par le roi, il y reçut l'accueil le plus flatteur et le plus honorable. Malheureusement, sa brusque franchise, ses manières grossières et mala-droites donnaient largement prise aux railleries des beaux seigneurs poudrés de l'époque. Jean Bart en souf-frait sans mot dire, attendant patiemment sa revanche.

Sa bonne étoile ne tarda pas à la lui donner. Un jour, le récit de.ses dernières victoires lui fut demandé. Nous l'avons dit, quand il s'agissait de se battre, Jean Bart ne connaissait pas de rival. Mais venait le moment de dire comment il s'était battu, et Jean Bart n'en pouvait mais; pressé de questions, harcelé de toutes parts, son trouble augmentait sans cesse; enfin, ne pouvant exprimer sa pensée assez énergiquement pour son goût, il allait abandonner la place, quand il fut saisi tout à coup d'une inspiration fortuite ; il pria poliment les courtisans de figurer pour un instant les vaisseaux anglais ; alors retroussant ses manches : « Vous voulez savoir, dit-il, comment j'ai battu les Anglais ; regardez. » Et tombant à bras raccourcis sur les courtisans ahuris, il les roua de coups pendant deux minutes, à la grande gaîté du roi, mais au grand détriment de leurs habits brodés et de leurs hautes-chausses enrubannées (1).

Jean Bart battait les courtisans du roi, mais le roi donnait des lettres de noblesse à Jean Bart, et certes Louis XIV ne pouvait trop dignement récompenser un si généreux courage, un si bouillant et si fidèle attachement à la grande cause patriotique.

Jamais, du reste, le patriotisme n'a fait défaut aux Français, et jamais les Français n'ont fait défaut à la cause de la patrie ; sur mer, comme sur terre, sous nos ciels tempérés, ou dans les océans indiens, dans tous les temps, dans toutes les crises, au moment où tout sem-

____

(1) Cette scène originale a été peinte avec un entrain et un esprit charmants par Jean-Charles Tardieu.

blait perdu, un homme surgissait, l'épée ou la hache d'abordage à la main, et conduisait ses frères d'armes à la victoire.

Les vieux marins de l'Angleterre pourraient raconter, pour en avoir éprouvé l'énergie courageuse, quel grand capitaine fut le bailli de Suffren. Vainqueur sur toutes les mers, triomphant de toutes les places, il a, dans les Indes et sur le cap de Bonne-Espérance, couvert de gloire et d'honneur le pavillon de la marine française. Entré dans la baie de Braga sans avoir égard à la neutralité du pavillon portugais, il ruinait en 1781 l'escadre du commodore Johnston. Arrêté dans sa course, un an plus tard, par l'amiral Hughes, il réussissait à se glisser entre lui et la côte, débloquait la rade de Gondelour, et, plein de confiance dans sa fortune, sortait du port, fondait comme l'aigle sur les vaisseaux anglais et surprenait par l'audace de son attaque les officiers de la Grande-Bretagne.

La paix signée, il revenait en France auprès de Louis XVI, et mourait en 1788, pleuré de tous, honoré de ses ennemis mêmes, regretté de la France entière et de nos alliés d'Asie et d'Afrique, comblé d'honneurs, de richesses et d'une impérissable renommée.

Nous avons parlé, à propos du débarquement d'Alger, de l'amiral Duperré, commandant l'escadre d'Afrique. Cet excellent officier, nommé capitaine de frégate en 1808, inaugura le commandement de la *Sirène* par un exploit héroïque.

La *Sirène*, après avoir rempli une mission aux Antilles, vint, de concert avec l'*Italienne*, atterrir sur les côtes de Bretagne. Elles faisaient route pour le port de Lorient, lorsque, le 23 mars, elles se virent chassées par une division anglaise de deux vaisseaux et trois frégates qui leur coupèrent le chemin. Obligées l'une et l'autre de chercher protection sous les forts de Groix, elles mirent le cap vers la terre. L'*Italienne* y arriva facilement ; mais la *Sirène* ne put rallier la côte qu'en se battant des deux bords pendant cinq quarts d'heure, entre un vaisseau et une frégate. Sommé à trois reprises de se rendre par ces mots : «Amène, ou je te coule,» Duperré répondit fièrement, comme un héros lacédémonien : « Coule, mais je n'amène pas ; feu partout ! » Forcé enfin de s'échouer, pour ne pas tomber au pouvoir de ses adversaires, Duperré mit tant d'habileté dans sa manœuvre, que trois jours après il avait renfloué sa frégate, et rentrait à Lorient en passant à travers les nombreux croiseurs anglais qui bloquaient le port.

Le débarquement d'Alger consacra la renommée de Duperré, et lui fit décerner successivement les dignités d'amiral, de pair de France et de ministre de la marine. Il se retira de la vie publique en 1843.

On ne peut parler de l'amiral Duperré sans penser à un brave marin qui servit en même temps que lui et l'égala en audace et en courage.

Linois naquit à Brest en 1761. Il servit dans l'Inde et se distingua dans la guerre d'Amérique. Capitaine du vaisseau *le Formidable* en 1795, il tomba au pouvoir des Anglais, après une lutte désespérée près de l'île de Groix. Mais la France tenait au brave et intrépide officier qui devait un jour l'illustrer à Algésiras, et au moment de l'échange des prisonniers il revint en France. En 1799, il était nommé contre-amiral, puis chef d'état-major général sur la flotte de Brueix, et enfin, en 1801, il commandait en second l'escadre de Ganteaume. C'est alors que la gloire vint ceindre son front de ses plus beaux lauriers. Tout le monde connaît le beau combat d'Algésiras. On sait comment, au mois de juin 1801, l'expédition d'Egypte, déjà très-compromise, manquait de munitions et de renforts. L'amiral Ganteaume n'avait jamais pu parvenir à débarquer ses hommes et ses ressources à Alexandrie; Linois venait de se séparer de Ganteaume et avait reçu l'ordre de reprendre immédiatement la mer pour rallier à Cadix la flotte franco-espagnole. Il quitta Toulon avec trois vaisseaux, et passa le détroit de Gibraltar malgré les vents contraires. Là, surpris par la flotte anglaise de Gibraltar qui observait Cadix, il vint mouiller à Algésiras.

A la pointe méridionale de l'Espagne, les côtes montagneuses qui viennent y aboutir s'entr'ouvrent et forment une baie profonde dont l'ouverture est tournée au midi. Sur l'un des côtés de cette baie se trouve Algésiras, sur l'autre Gibraltar, de manière qu'Algésiras et Gibraltar sont placés vis-à-vis, à peu près à une lieue et demie.

L'escadre anglaise, commandée par le contre-amiral Saumarez, comptait profiter de l'occasion qui s'offrait à elle de détruire la division Linois. Elle cingla immédiatement de Cadix vers Algésiras, composée de six vaisseaux et d'une frégate.

De son côté, l'amiral Linois se tenait sur ses gardes; il embossait ses trois vaisseaux dans la baie : le *Formidable* (1) au nord, s'appuyant à une batterie de 18 ca-

---

(1) Le *Formidable* est un des vaisseaux de la flotte française dont l'existence ait été la plus aventurée, en même temps que la plus

nons, le *Desaix* au centre, enfin l'*Indomptable* au sud,
s'appuyant sur une batterie de 24 canons. Entre le
Desaix et la terre la frégate *le Muiron ;* enfin , entre-
mêlées avec les vaisseaux français, quelques chaloupes
espagnoles.

Pendant que Linois se préparait au combat, les Anglais entraient dans la baie. Le vent n'était pas favorable
à la marche de leurs navires ; ils furent séparés les uns
des autres, et ne purent agir ni avec ensemble ni avec
rapidité.

Le premier vaisseau anglais qui s'avança fut le
Pompée : il remonta le long de notre ligne, défila successivement sous le feu de la batterie sud, de la frégate
le Muiron, de l'*Indomptable,* du *Desaix,* et du *Formidable*
lâchant ses bordées à chacun d'eux. Arrivé devant ce
dernier, il sembla lui jeter un défi personnel, et ces deux
puissants navires s'approchèrent comme pour un combat

---

glorieuse. Il a été pris et repris bien des fois par l'ennemi, il a
été maltraité dans tous les combats de la République et de l'Empire. Le choléra, le typhus, éclatèrent plusieurs fois à son bord. Il
a été démâté, abordé ; malgré tout, il a été *formidable* jusqu'à la
fin dans l'attaque comme dans la défense.

singulier. Le combat devint acharné; le *Pompée* pliait visiblement. Le *Vénérable*, qui avait voulu entrer le premier en action sur la ligne anglaise, vint au secours du *Pompée*; mais une fausse manœuvre l'éloigna de sa route et le força à tout recommencer. Un troisième navire anglais, l'*Audacieux*, envoyait ses boulets à l'*Indomptable*. Le *César* et le *Spencer*, quatrième et cinquième anglais, étaient entraînés par le vent au fond de la baie. L'*Hannibal*, sixième anglais, entreprit alors de tourner le *Formidable* et de se mettre entre lui et la terre; malheureusement pour le succès de son mouvement, la brise d'ouest fraîchissait et contrariait ses efforts; il fallait sans cesse virer de bord et naviguer le plus près du vent; aussi la manœuvre se fit-elle lentement et donna tout le temps au *Formidable* d'écraser le *Pompée* qui s'acharnait à lui.

Au moment où le *Formidable* ayant à droite le *Pompée*, à gauche le *Vénérable*, démâtait d'abord le premier pour s'occuper du second, la brise changea tout à coup; de l'ouest, elle passa à l'est; et Linois, profitant immédiatement de ce saute de vent, ordonna à ses trois capitaines de couper les câbles de leurs ancres et d'échouer.

Cet ordre sauva la division française. Les Anglais

voulaient, comme Nelson l'avait fait à Aboukir, se placer entre la terre et les Français. L'*Hannibal*, après bien des virages, était enfin parvenu à exécuter sa manœuvre; mais au dernier moment, il échoua entre le fort du nord et le *Formidable*, et, malgré de vifs efforts, ne put se remettre à flot. La mer était basse : les trois français échouèrent volontairement à leur tour pour éviter de se laisser tourner, sûrs d'ailleurs de se renflouer facilement à mer haute.

La position de l'*Hannibal* devenait dès lors de plus en plus critique : bloqué par sa propre faute entre le *Formidable*, qui vomissait la mitraille, et le fort du nord, qui lui envoyait ses boulets, il résistait vainement sans pouvoir remuer sur le lit de vase qu'il s'était creusé. Linois, toujours habile à profiter de la fortune, fit débarquer alors le commandant Devaux et un détachement des troupes françaises destinées à l'Egypte. Animé par ce renfort imprévu, le fort redoubla de feux et de vigueur. D'un autre côté, le *Desaix*, qu'une manœuvre habile venait de remettre en ligne, commençait, lui troisième, à accabler le pauvre *Hannibal*, après avoir lâché une première portée sur le *Pompée*, qu'il avait achevé. L'*Hannibal* amena enfin son pavillon criblé de boulets et de mitraille.

Deux vaisseaux sur six étaient donc réduits à se rendre. Les quatre autres, à force de manœuvres, étaient rentrés en ligne et se battaient contre le *Desaix* et l'*Indomptable*, qui, protégés par la batterie sud, ripostaient très-énergiquement.

Enfin, l'amiral anglais donna le signal de la retraite.

L'*Hannibal* nous fut laissé ; on le vit combattre le surlendemain sous les couleurs françaises.

Le *Pompée*, ou plutôt la carcasse du *Pompée*, fut remorquée par le *César* et nous échappa.

Tel fut le combat d'Algésiras, où trois navires français combattirent six anglais, en détruisirent deux, en gardèrent un prisonnier. Nos braves marins étaient remplis de joie : leurs pertes étaient sans gravité ; au contraire, les Anglais comptaient 900 morts ou blessés. L'Algésiras était donc un grand et beau succès.

L'amiral anglais était furieux ; à peine revenu à Gibraltar, il profitait des ressources de cette place et ravitaillait son escadre, en l'augmentant d'une frégate, *le Superbe*. Encore un peu, disait-il, et il allait écraser la flottille française et Linois.

Linois, lui, réparait tant bien que mal les avaries de ses navires ; ses vaisseaux renfloués, on leur refit un gréement. L'amiral espagnol, après nombre d'hésitalions, se décidait à envoyer au secours de ce brave com mandant un vaisseau français, *le Saint-Antoine*, cinq vaisseaux espagnols et trois frégates ; enfin, nous l'avons dit, l'*Hannibal* était devenu français.

Le 12 juillet, l'escadre combinée appareilla. A peine en mer, elle fut aperçue des Anglais, qui se lancèrent à sa poursuite sans l'attaquer. L'amiral Saumarez, malgré l'ardeur de la vengeance, semblait attendre une heure plus particulièrement favorable pour se jeter sur la proie qu'il couvait du regard.

Notre arrière-garde était composée du *Saint-Antoine*, mal équipé par des marins inexpérimentés, du *San-Carlos* et du *Saint-Herménégilde*, l'un et l'autre espagnols. La nuit tomba ; l'obscurité s'épaississait ; on sentait que le drame allait commencer.

Alors le *Superbe*, excellent navire anglais et fin voilier, éteignit ses feux, attaqua le *San-Carlos*, et lui envoya successivement toutes ses bordées, tirant à boulets rouges. Le feu prit aussitôt à bord du *San-Carlos*. Celui-ci, monté par un équipage inhabile, perdit la tête, et riposta sans direction de tous côtés. Ses boulets arrivèrent jusqu'au *Saint-Herménégilde*, qui, prenant le

San-Carlos pour un ennemi, s'approcha de lui et le canonna. Le *Superbe*, profitant de l'erreur de ses deux adversaires, se retira et laissa les deux vaisseaux espagnols s'incendier et sauter en l'air, au milieu de la terreur des deux escadres.

Après cet affreux événement, la lutte cessa; l'obscurité redevint intense, et les divisions, privées d'ordres de leurs chefs, restèrent dans l'indécision, en attendant le jour.

Le *Formidable* restait en arrière. Nous venons de le voir se couvrant de gloire à Algésiras. Son rôle n'était pas terminé dans ces journées mémorables; de nouveaux lauriers l'attendaient. Malheureusement, la lutte de la veille l'avait singulièrement endommagé ; privé d'une partie de sa voilure, marchant lentement, et séparé de son escadre, il fut aperçu le matin dans un isolement, et enveloppé d'un côté par une frégate, de l'autre par trois vaisseaux anglais.

Le brave capitaine Troude, qui le montait, ne pensa même pas à fuir ce quadruple ennemi ; au lieu d'attendre l'anglais, il le devance, fond sur la frégate *la Tamise*, la désarme et la dégoûte bientôt d'une lutte inégale.

« Après la *Tamise*, venait à toutes voiles, dit

M. Thiers (1), le *Vénérable*, de 74 canons. Le capitaine
Troude, se sentant encore supérieur à celui-ci (le *Formidable* était de 80), l'attend pour le combattre, tandis
que les deux autres vaisseaux anglais, cherchant à le
gagner de vitesse, vont fermer le chemin de Cadix. Manœuvrant habilement , il présente son redoutable flanc
armé de canons, à la proue dégarnie de feux du *Vénérable*, et, joignant à la supériorité de son artillerie l'a-
vantage de la manœuvre, il le crible de boulets, lui
abat d'abord un mât , puis un second, puis un troisième,
et, après l'avoir rasé comme un ponton, le perce encore
à fleur d'eau de plusieurs coups dangereux qui l'exposent
au péril prochain de couler à fond. Ce malheureux navire, horriblement maltraité, excite les alarmes du reste
de la division anglaise. La frégate *la Tamise* revient
pour lui porter secours; les deux autres vaisseaux anglais, qui avaient cherché à se placer entre Cadix et le
Formidable, rebroussent aussitôt chemin. Ils veulent à
la fois sauver l'équipage du *Vénérable* , qui craignait de
couler bas, et accabler le vaisseau français qui faisait
une si belle résistance. Celui-ci, confiant dans sa ma-

---

(1) THIERS , *Histoire du Consulat et de l'Empire* , tome III , p. 131.

nœuvre et sa bonne fortune, leur lâche coup sur coup les
bordées les plus rapides et les mieux dirigées ; il les dé-
courage et les renvoie au secours du *Vénérable* près de
sombrer, si on ne venait s'occuper activement de son
salut. »

Alors, le brave capitaine Troude, débarrassé de ses
nombreux ennemis, s'achemine triomphalement vers le
port de Cadix où la population l'accueille par de vives
acclamations.

Le combat d'Algésiras et la rentrée du *Formidable*
sont au nombre des plus beaux faits d'armes connus
dans les annales de la marine. L'honneur insigne en revient à la bravoure française, à l'énergie du capitaine
Troude, enfin à l'habileté de l'amiral Linois, qui ne devait jamais retrouver dans sa vie de plus propice occasion de s'illustrer, lui, ses vaisseaux et sa patrie.

Quand les hostilités reprirent avec l'Angleterre ,
Linois fit des courses heureuses dans la mer des Indes,
mais en 1806, après un combat inégal contre l'amiral
Warren, près de Madère, il fut fait prisonnier et envoyé
en Angleterre. En 1814 seulement, il revint en France,
reçut de Louis XVIII le gouvernement de la Guadeloupe,
et quitta définitivement la marine en 1815.

Jusqu'ici nous avons suivi les héros de la marine française dans cette glorieuse mais triste route qui s'appelle la guerre : la guerre, nécessité douloureuse, cruelle, qui n'a rien d'humain, rien de civilisé, qui s'équilibre par un chiffre de cadavres, de morts, de mourants ou de blessés ; la guerre cependant, qui est quelquefois une nécessité, souvent l'exercice d'un droit, toujours une source de gloire pour la France (1), parce que la France ne combat pas seule, parce que derrière elle, pour la protéger et la conduire, est le Seigneur Dieu des armées !

Parlons maintenant de ceux qui se sont plus spécialement illustrés dans la marine par leurs découvertes et leurs lointains voyages. Ils ont acquis, ceux-là, une gloire plus tranquille, plus pacifique ; non pas que leur vie ait été moins utile à la cause nationale. La science a gagné par eux ce que la politique demandait aux autres. Aux premiers comme aux seconds nous devons apporter un même tribut d'hommages.

---

(1) Hélas ! au mois de janvier 1870 que nous écrivions ces lignes, nous ne pouvions lire dans l'avenir l'immense humiliation qui allait nous être infligée. (*Note de la* 2ᵐᵉ *édition.*)

Bougainville, né en 1739, n'embrassa la carrière maritime qu'à trente-quatre ans, et quelques années lui suffirent pour inscrire son nom au rang des plus illustres navigateurs. Exemple mémorable qui suffirait à lui seul pour réfuter l'opinion de ceux qui prétendent que l'on ne saurait devenir un bon officier de marine, si l'on n'a point passé sa première jeunesse sur la mer, affrontant les orages et les fatigues de cette existence aventureuse.

Bougainville eut l'honneur d'être le premier capitaine français qui fit le tour du monde ; le premier, il a signalé à la géographie plusieurs terres inconnues de la mer du Sud et de l'Océanie. La relation que Bougainville publia de son voyage, deux ans après son retour, écrite d'un style animé, gracieux, plein de mouvement en même temps que de vigueur, compléta le succès de son expédition.

Elevé au grade de chef d'escadre le 1er janvier 1780, et à celui de vice-amiral en 1792, il se retira de la marine au moment où la tempête révolutionnaire, déchaînée non-seulement sur la France, mais sur l'Océan, bouleversait la discipline, anéantissait la hiérarchie et l'obéissance, soufflait partout la révolte même au milieu de ces braves équipages qui avaient si vaillamment fait la campagne d'Amérique. Bougainville pensait, et avec raison, que là où manque la tête, il n'y a pas de corps. Le respect des chefs est le premier élément d'une flotte utile. Partout où les hommes se réunissent en société dans un but quelconque, j'entends dans un but respectable, il faut une autorité qui commande.

Or, en 1792, l'autorité était méconnue partout, le respect était mort; Bougainville ne pouvait accepter le brevet de vice-amiral dans de pareilles conditions, et il écrivit au ministre une lettre pleine de dignité et de noblesse, où il expliquait les motifs de son refus : « Mon devoir envers ma patrie, disait-il, me fait une loi de ne point accepter un grade éminent qui serait un titre sans fonctions. La discipline militaire, cette discipline sainte, sans laquelle ne peut exister une armée navale surtout, est anéantie. Un officier général n'y saurait agir sans coopérateurs, et je cherche vainement ceux qui joignaient à la théorie la science des manœuvres, d'armée et la pratique des combats. »

Bougainville reprit plus tard la mer sous l'Empire. Il fut sénateur, grand officier de la Légion d'honneur, et, après une vie longue, honorablement remplie, et éminemment utile à la science, il mourut à Paris le 31 août 1811.

Jean de Lapérouse, né à Alby en 1741, compte aussi au nombre des premiers navigateurs et des plus célèbres marins français. Il était enseigne en 1764, et commandait une des frégates de l'escadre du comte d'Estaing, quand sa belle et noble conduite dans différents combats navals lui valut le grade de capitaine de vaisseau. Lorsqu'il fut chargé, en 1782, d'aller attaquer les établissements anglais de la baie d'Hudson, il conduisit cette entreprise difficile avec un succès éclatant, que méritait d'ailleurs le talent dont il ne cessa de donner la preuve; succès d'autant plus glorieux, talent d'autant plus admirable, qu'une pareille entreprise dans des parages aussi redoutables et justement redoutés l'exposait, lui et ses hommes, à bien des genres de dangers.

Peu importante par les résultats politiques, l'attaque d'Hudson développa du moins et fit connaître en même temps les talents de Lapérouse. Aussi fut-il, à son retour en France, accueilli par Louis XVI avec honneur et grande distinction, et reçut-il de ce monarque la direction d'une campagne de découvertes dans les mers du Sud. Les bases du projet, résumées par le prince et écrites de sa main, étaient l'établissement de relations commerciales d'une part et des reconnaissances territoriales de l'autre. Lapérouse accepta la mission qui lui était confiée par la volonté souveraine, et s'embarqua pour ne plus jamais revenir à cette cour de Versailles où il était si dignement honoré.

Son expédition était composée des frégates *la Boussole* et *l'Astrolabe*, la première commandée par lui-même, la deuxième par son ami le capitaine Delangle.

Lapérouse avait l'intention de remonter de Botany-Bay aux îles des Amis, à la Nouvelle-Guinée et à la Nouvelle-Hollande, par un autre canal que celui de l'Endeavour. Hélas! ce triste voyage ne fut probablement jamais qu'une intention. A partir de son séjour à Botany-Bay, on n'entend plus parler de Lapérouse ni de ses compagnons; vainement on attend, vainement on espère, Lapérouse ne donne signe d'existence ni à un hémisphère ni à l'autre. Enfin on se décide à marcher sur les traces présumées de son expédition. Le capitaine d'Entrecasteaux, Dumont d'Urville emploient leur génie, leur intuition maritime, l'effort de leurs intelligentes combinaisons, pour retrouver l'infortuné compatriote. Leurs recherches restent infructueuses. Les plages sont désertes et les océans vides. Lapérouse est perdu. Comme sir Franklin, comme tant d'autres, il est mort pour l'honneur de son pays et de la science, enseveli dans l'inconnu.

Heureusement, en 1790 naissait à Condé-sur-Noireau un autre Lapérouse, Jules Dumont d'Urville. Enseigne en 1814, lieutenant en 1822, il faisait en 1825, avec le capitaine Duperrey (1), son premier voyage autour du monde, découvrait les îles de Clermont-Tonnerre, de Lostange, de Duperrey, et de *d'Urville*. En 1828, il explorait la Nouvelle-Zélande et la Nouvelle-Guinée, complétait les données de la science sur l'existence des îles Logalty, et rapportait de ce voyage soixante-cinq cartes, trois mille planches anatomiques, dix mille espèces d'animaux. Un troisième voyage l'entraînait sous les murs de la Polynésie, et son ardeur scientifique recueillait encore de précieux enseignements sur les idiomes, la faune et la flore de ces contrées lointaines. Rentré en France, et nommé contre-amiral, il trouva la

---

(1) Il y eut presque en même temps dans la marine française deux illustres capitaines du nom de Duperré ; l'un, Victor Duperré, dont nous avons brièvement raconté la vie ; l'autre, Louis Duperrey, célèbre par ses voyages sur la *Coquille*.

mort dans l'accident terrible du chemin de fer de Versailles, en 1842. Il laissait inachevé à sa famille et à sa patrie l'intéressant récit de ses nombreuses et savantes expéditions.

Le lieutenant Belot est le dernier des navigateurs français. Il est mort en 1853, entouré du prestige de la jeunesse et du dévouement. Il avait été élevé à Rochefort, et était entré à quinze ans à l'école navale; en 1844, il faisait sa première campagne sur la corvette *le Berceau;* à l'attaque de Madagascar, il gagnait la croix de la Légion d'honneur, passait enseigne en 1847, et participait à une croisière sur les côtes de l'Amérique du Sud. C'est alors qu'une nouvelle flottille anglaise se lançait dans les mers du Nord à la recherche de sir Franklin. L'enthousiasme du danger et des explorations lointaines, la sublimité du but, la tentation de si nobles périls pour une si noble cause, tout entraînait le lieutenant Belot à briguer l'honneur de participer à l'expédition anglaise. Après bien des fatigues, après mille tempêtes, mille souffrances, Belot, près d'atteindre la limite extrême de son voyage, périt tout à coup victime de son généreux dévouement, à l'âge de trente-deux ans.

Les Anglais, touchés de tant de jeunesse et de tant de courage, lui ont élevé un obélisque en granit sur le quai de l'Hôtel des Invalides de la Marine, à Greenwich. Et nous nous souvenons encore de la vive et touchante impression que fit sur nous, à notre entrée dans la Tamise, la vue de ce monument glorieux, témoin éloquent, dans son silence, du courage et de l'audace de notre compatriote Belot.

Complétons enfin ce coup d'œil général sur les glorieuses personnalités dont les noms illuminent l'histoire de la marine française, et suivons rapidement, au moins dans la période la plus moderne, les anneaux de cette longue chaîne de travailleurs qui ont fait de l'art naval proprement dit ce qu'il est maintenant, ce qu'il était déjà dès le commencement de ce siècle, une science vraiment nationale, ayant ses écoles, ses maîtres, ses disciples et ses contrefacteurs.

Ces écoles, ces progrès, nous les devons bien plus à l'essor de la marine marchande qu'aux développements de la marine militaire ; aussi bien, en toutes choses, la science et la civilisation sont bien plutôt compagnes de la paix que de la guerre.

Anticipons donc sur nos chapitres spéciaux à la marine marchande, et cherchons à leur vraie source les origines de ce grand art dont Sané fut pour ainsi dire l'apôtre.

C'est seulement au milieu du XVIIe siècle que l'histoire de la marine française commence à présenter un intérêt sérieux. Sous l'inspiration de Colbert, l'esprit commercial et maritime se fait français; ce que l'expérience de plusieurs siècles n'avait pu enseigner, ce grand et pratique génie l'annonce d'abord, l'exécute ensuite.

Avant lui, la France est ce que d'ailleurs elle n'a jamais cessé d'être : audacieuse, intelligente, chevaleresque; elle a pleine confiance dans ses ressources morales et politiques ; son ascendant sur l'Europe par la clarté de ses lumières, par la franchise de son esprit, elle le sent, elle en est fière, elle en jouit comme d'une gloire méritée, comme d'une force dont elle connaît la source, la portée et la cause finale. Elle tient hautement le sceptre sur un trône inébranlable, le sceptre de l'esprit, le trône de l'idée devant qui tout plie et se prosterne. Mais il est une force cachée qu'elle ignore encore, qu'elle possède pourtant, qui sommeille à l'état latent dans les arcanes de ses destinées : c'est la force pratique et irrésistible qui vient du commerce et de l'industrie. De marine marchande, de canaux, de voies sûres et rapides , elle n'en possède point encore. Pourquoi d'ailleurs en aurait-elle ? et quel en serait l'usage ? Qu'embarquerait-on sur ses navires ? Elle est sans relations avec les Amériques. Pourquoi tracerait-on des routes ? On ne voyage alors que par hasard ou par fantaisie. Pourquoi creuserait-on des canaux ? La Méditerranée et l'Océan auraient déjà réuni fraternellement leurs ondes, que pas un chaland ne s'y serait aventuré. Le Midi reste chez lui et n'envoie rien au Nord ; le Nord imite le Midi et vit en égoïste, d'une existence exclusivement personnelle. Le Nord a dans ses flancs des trésors de houille ; le Midi élève ses vers à soie et récolte des fruits d'or ; mais l'un n'échangera pas sa houille contre l'autre sa soie. Car le Midi n'a pas d'usines, et le Nord, en bon féodal qu'il est, garde soigneusement la coupe et l'étoffe de ses vêtements de laine, comme il garde ses vieilles institutions, ses vieilles coutumes, son vieux droit ; ce en quoi le Nord ressemble de point en point au Midi.

Telle était la France avant Colbert, encore très-féodale malgré l'unification monarchique : Bretagne, Normandie, Gascogne, Provence, Alsace ; autant de peuples étrangers l'un à l'autre. Pas de relations entre eux ; par conséquent, pas de nécessité de moyens de communication, pas de routes, pas de canaux.

Comme conséquence de cet isolement, pas de travail national, pas d'union, pas de force.

L'union fait la force : vérité banale, lieu commun d'économie politique selon certains, axiome éminemment pratique selon d'autres; vérité lumineuse dont l'observance a fait de l'Angleterre la première nation commerçante et maritime du monde entier. C'est du jour où une maison commerciale a des comptoirs et des correspondants dans tous les ports de son pays que ses opérations cessant d'être régionales, devenant vraiment nationales, elle a besoin de moyens de transports et de navires nombreux; elle les construit, elle les perfectionne, elle lutte de vitesse et de force avec les maisons rivales ; elle crée pour son compte un élément plus ou moins considérable de ce grand ensemble qui constitue une marine nationale.

Tant il est vrai que la marine d'un peuple est bien plus sa marine marchande que sa flotte; tant il est vrai, malgré ce qu'en peuvent dire les esprits belliqueux de tous les temps, qu'il est conforme aux règles naturelles et providentielles, qu'un moyen de rapprochement et de

paix soit bien plus qu'un moyen de destruction réci-
proque, une cause réelle de civilisation.

Peu à peu, ce n'est plus seulement au Nord et au Midi
qu'elle a des correspondants et des amis ; c'est dans tous
les pays civilisés, sur toutes les côtes où l'homme travaille, prépare les étoffes, cultive la terre, façonne le
bois ou le fer, récolte ou file le coton. Pour satisfaire ce
grand mouvement de va et vient entre les nations, la
marine s'accroît ; la vapeur, domptée par le génie, s'en-
ferme dans de bouillants cylindres et les porte sur ses
ailes rapides. Mais ce n'est pas assez. Pour unir ces
mêmes parties d'un tout répandues aux quatre coins du
globe, il faut que la pensée du maître puisse se mani-
fester immédiatement, comme dans la maison mère.
Aussitôt l'électricité descend des mystérieuses retraites
d'où Franklin l'appelait jadis, et le télégraphe enroule
le monde de ses plis immenses, franchissant monts et
mers, unissant dans une même impulsion tout ce qu'il
touche à son passage.

Dans ce tableau du monde civilisé actuel, la France
occupe le premier plan ; mais encore une fois, avant
Colbert, elle ignorait la puissance génératrice de ce mot :
commerce.

Au xviie siècle, elle secoue cet engourdissement, quant aux choses pratiques. Un jour, la voilà qui se prend à sonder du regard les horizons de l'Océan qui l'entoure; au parfum des brises méridionales de la Méditerranée, aux sauvages et séduisantes harmonies des longues vagues de la Manche se brisant sur des grèves de galets, elle sort de son ancienne torpeur, elle devine sa force, et, guidée par le grand Colbert, elle convie tous les bons Français à la même œuvre.

Aussitôt les associations se forment, les Académies s'instituent. En 1666, Colbert fonde l'Académie des sciences. A peine au travail, elle comprend l'importance capitale du développement maritime : parallèlement avec une autre réunion de savants, où brillaient des ingénieurs et des marins expérimentés, entre autres le chevalier Renaud, elle encourage les astronomes, les constructeurs, les hommes pratiques et les génies théoriques; elle récompense Berthoud pour sa montre marine; elle soumet aux investigations des plus célèbres géomètres les questions dont les constructeurs seuls eussent difficilement levé les secrets. Bernouilli, Euler, tiennent à honneur de prendre part à ce concours.

Au xviiie siècle, Cauchot, Groignard, Duhamel du

Monceau, Forfait, rivalisent d'habileté pratique et théorique.

Duhamel du Monceau était inspecteur de la marine et membre de l'Académie des sciences ; ses goûts et son travail le portaient vers un genre d'études qui peut au premier abord paraître antipathique à l'hydrographie et à la construction maritime : il était botaniste. Mais, loin de renier l'une ou l'autre des affections de son esprit, il les concilia de telle sorte, que l'une vint en aide à l'autre, et que de leur union il fit sortir ses magnifiques travaux sur le genre d'arbres qui convenait le mieux à la construction navale. Tout ce qui concernait la culture ou la conservation des bois propres aux constructions navales, devenait pour lui sujet de recherches et d'études.

Mais, comme tous les vrais savants, en même temps qu'il était prodigue de sa science, il apportait dans tous les discours où il la manifestait une modestie aussi méritoire que rare parmi nos contemporains.

Un jour, un jeune officier de marine lui posait un problème de construction navale, et cherchait à l'embarrasser. Duhamel, qui savait bien assez de choses pour avouer qu'il en ignorait quelques-unes, répondit à son interlocuteur qu'il ne connaissait pas la solution demandée. « A quoi sert donc, reprit ironiquement l'officier, cette célèbre Académie des sciences? » Puis, un instant plus tard, interrogé lui-même par Duhamel, il se perdit dans des réponses vagues qui décelaient son ignorance. « Monsieur, lui dit alors Duhamel, vous voyez à quoi sert d'être de l'Académie des sciences : c'est à ne parler que de ce qu'on sait. »

Duhamel du Monceau, malgré son rare mérite, eut beaucoup de mal pour propager ses idées. Appelé à Toulon, il y proposa des innovations dans l'organisation de la défense et des bassins de ce port. Ses plans ne furent pas acceptés d'abord. Peu de temps après, le ministre de la marine, de Maurepas, lui demanda son avis sur un mémoire envoyé de Toulon même, où l'un de ceux qui avaient combattu Duhamel présentait traîtreusement les mêmes projets, mais comme éclos de son propre cerveau. « Monseigneur, répondit Duhamel au ministre, il faut faire exécuter ce qu'on vous propose ; mais laissons en l'honneur à l'auteur du mémoire : pourvu que le bien se fasse, il importe peu qu'un autre ou moi ayons la gloire. »

Exemple éclatant de désintéressement, charité plus rare encore que celle du riche envers le pauvre : charité du génie envers la patrie; mise en œuvre de cette belle vérité évangélique : que celui qui donne doit rester dans l'ombre, pour ne laisser voir que le bienfait; et que, pourvu que le flambeau du bien et de l'utile resplendisse, il importe peu de savoir quelle est la main qui l'a allumé.

Forfait, né à Rouen en 1752, est aussi un ingénieur maritime auquel la France doit honneur et reconnaissance. Fort jeune, il remportait un prix difficile à l'Académie de Mantoue. Le sujet était aride par lui-même : il s'agissait du curage des canaux. Que penseront nos jeunes lecteurs lorsqu'ils sauront que ce mémoire sur le curage des canaux devait être fait en latin? La langue de Virgile pour chanter les mécanismes compliqués des dragues et pompes de l'époque! Quelle anomalie, mais surtout quelle difficulté! Et de nos jours, que de jeunes latinistes se décourageraient devant un pareil sujet de dissertation latine !

Quoi qu'il en soit, Forfait n'en eut pas moins le prix de Mantoue.

Plus tard il écrivit des Mémoires, mais ceux-là non plus en latin, sur les ports de France; il organisa le premier un service de paquebots construits par lui, destinés à une compagnie transatlantique qui allait relier régulièrement la France, les colonies et les Etats-Unis. Ces paquebots, qui, bien évidemment, ne ressemblaient, ni pour la célérité, ni pour l'emménagement, aux trans-atlantiques contemporains , *le Péreire* et *la Ville-de-Paris*, étaient cependant de magnifiques navires pour l'époque et jaugeaient 800 tonneaux.

Forfait créa le port d'Anvers, qui devint si important, qu'en 1814 les Anglais, maîtres de la position politique en Europe, en exigèrent l'anéantissement.

Ce fut encore Forfait que Bonaparte envoya à Venise pour recevoir la soumission de cette fière et artistique cité, et il en rapporta les quatre *chevaux de Saint-Marc* qui figurèrent un moment sur l'ac de triomphe du Car-rousel, et qui sont depuis retournés dans leur patrie, à leur première place, sur le portail principal de l'église Saint-Marc.

Forfait dirigea plus tard la construction de douze di-visions de chaloupes canonnières qui furent échelonnées de Flessingues à Lorient, et enfin, devenu ministre de la marine, il fit exécuter dans le port de Boulogne des travaux qui en moins de trois mois lui donnèrent une augmentation de six pieds d'eau, et contribuèrent ainsi à la défaite de Nelson devant la ville, le 15 août 1801.

Nos jeunes lecteurs n'ignorent pas qu'en 1801, la France et l'Angleterre étaient encore en pleine guerre. Pourtant Français et Anglais étaient fatigués de s'entretuer. L'expédition d'Egypte, dirigée par le général Bonaparte, premier consul, venait d'avoir une issue désastreuse. On ne pouvait s'entendre sur les conditions de la paix. L'Espagne, notre alliée, faiblissait de fait et d'influence. Nos adversaires résistaient encore aux appels réitérés de concorde et d'apaisement, quand un événement vint décider, à la dernière heure, du sort de l'Europe; et cet événement fut l'insuccès de Nelson devant Boulogne, protégée par les travaux d'art de Forfait.

Ces derniers combats sont une des plus belles pages de l'histoire de la marine française : ils méritent d'être racontés.

L'activité qui régnait partout à Boulogne au milieu de l'année 1801 préoccupait singulièrement les esprits de l'autre côté du détroit. Nelson avait été rappelé de la Baltique ; on l'avait mis à la tête de l'escadre anglaise de la Manche, et il avait quitté l'Angleterre, suivi d'une flottille de bricks, goëlettes, navires légers de toute espèce.

Le 4 août, il se présenta, vers la pointe du jour, devant la plage de Boulogne avec une trentaine de petits bâtiments : il montait la frégate *la Méduse,* et voulait bombarder notre flottille. Celle-ci était commandée par l'amiral Latouche-Treville, un brave marin, plein de génie naturel et d'ardeur pour la guerre, appelé, s'il avait vécu, aux plus brillantes destinées. Il exerçait tous les jours nos chaloupes canonnières, il accoutumait nos soldats et nos marins à monter rapidement à bord des bâtiments, à en descendre de même, à manœuvrer avec ensemble et précision.

Le 4 août, notre flottille était formée sur une seule ligne d'embossage parallèle à la côte, à l'ancre à 1,000 mètres de la côte. Elle se composait de gros bâteaux canonniers soutenus de distance en distance par des bricks.

Nelson rangea ses bâtiments à 3,800 mètres de notre ligne, hors de la portée de notre artillerie, et canonna nos bâtiments pendant seize heures sans leur causer grand dommage. Une partie de nos vaisseaux rentra s'abriter à Boulogne dans le port nouvellement creusé par Forfait, l'autre resta en ligne et laissa passer toutes les bombes de l'ennemi par dessus les mâts et les agrès.

Ses projectiles pleuvaient sur la grève, où, par une sorte de miracle, personne ne fut blessé. Une canonnière française, *la Méchante*, commandée par le capitaine Margollé, fut percée de part en part, et fut heureusement ramenée sur le sable, où ce brave officier la fit échouer, après avoir jeté son équipage sur d'autres bateaux.

Nos bombardes n'étaient pas restées inactives dans ce combat; de la côte où elles étaient installées, elles faisaient pleuvoir une grêle de bombes sur les Anglais.

Nelson s'éloigna donc, très-étonné de notre résistance et du peu d'effet de sa canonnade; beaucoup de dépit se mêlait à cet étonnement; il n'en fallait pas plus pour lui faire jurer qu'il se vengerait de son insuccès et reviendrait dans quelques jours avec des moyens certains de destruction.

Aussi s'attendait-on à chaque instant à le voir reparaître, et l'amiral français se mettait en mesure de le bien recevoir. Un certain nombre de navires furent laissés à l'abri dans le port; cependant Latouche-Treville n'en renforça pas moins sa ligne, anima de son esprit ses matelots et ses soldats qui s'étaient d'ailleurs montrés pleins d'ardeur, et qui se sentaient tout fiers d'avoir bravé Nelson et les Anglais sur leur élément.

Douze jours après, le 16 août 1801, Nelson reparut, dit M. Thiers (1), avec une division navale beaucoup plus considérable que la première. Tout annonçait de sa part l'intention d'une attaque sérieuse et à l'abordage : c'est ce que désiraient les Français.

Nelson avait 35 voiles, beaucoup de chaloupes et 2,000 hommes d'élite. Vers la chute du jour, il avait rangé ses chaloupes autour de la *Méduse*, y avait distribué son monde et donné ses instructions. Ces chaloupes, montées par des soldats de la marine anglaise, devaient pendant la nuit s'avancer à la rame et enlever notre ligne à l'abordage.

Elles étaient formées en quatre divisions. Une cinquième division, composée de bombardes, devait se placer non plus en face de notre flottille, position qui avait procuré peu de résultats dans le bombardement du 4 août, mais sur le côté, de manière à pouvoir la prendre d'enfilade. Vers minuit, ces quatre divisions, commandées par les capitaines Sommerville, Parker, Cotgrave et Sones, s'avancèrent rapidement vers la côte de Boulogne. Une petite embarcation française montée

---

(1) *Histoire du Consulat et de l'Empire*, tome III, p. 171.

par huit hommes seulement avait été laissée en sentinelle avancée. Elle fut abordée et enveloppée, mais elle
se défendit bravement avant de succomber, et le bruit
de sa mousqueterie servit à signaler la présence de l'ennemi.

Les quatre divisions anglaises s'approchaient de toute
la force de leurs rames. Dès qu'elles eurent été aperçues,
on ouvrit sur elles un feu nourri de mousqueterie et de
mitraille. La première division, celle que commandait
le capitaine Sommerville, entraînée par le mouvement de
la marée vers l'est, fut contrariée dans sa marche, et
emportée bien au delà de notre aile droite, qu'elle était
chargée d'attaquer. Les deux divisions du centre, con-
duites par les capitaines Parker et Cotgrave, dirigées
directement sur le milieu de notre ligne d'embossage, y
arrivèrent les premières vers une heure du matin et l'at-
taquèrent franchement. Celle qui se trouvait sous les
ordres du capitaine Parker, après avoir échangé avec
nos bâtiments une fusillade fort vive, se jeta sur l'un
des gros bricks qu'on avait entremêlés avec nos chaloupes pour les soutenir. C'était l'*Etna*, que commandait le capitaine Sevrieu. Six péniches l'entourèrent,
afin de le prendre à l'abordage..

Les Anglais l'escaladèrent hardiment, leurs officiers en tête ; mais ils furent reçus par 200 hommes d'infanterie, et jetés à la mer à coups de baïonnette. Le brave Sevrieu, ayant successivement affaire à deux matelots anglais, quoique blessé d'un coup de poignard et d'un coup de pique, les tua tous les deux. En peu d'instants on eut culbuté les assaillants, et on fit sur les péniches un feu qui abattit le plus grand nombre des matelots employés à les diriger. Nos chaloupes reçurent tout aussi vaillamment les assaillants qui voulurent aborder, et s'en défirent à coups de hache ou de baïonnette.

Un peu plus loin, la division commandée par le capitaine Cotgrave aborda bravement la ligne des bateaux français, mais sans plus de résultat. Une grosse chaloupe canonnière, *la Surprise*, entourée par quatre péniches, coula la première de ces péniches, prit la seconde, et mit les deux autres en fuite. Les soldats rivalisèrent avec les matelots dans ce genre de combat qui allait parfaitement à leur caractère vif et audacieux.

Pendant que la seconde et la troisième divisions anglaises étaient ainsi accueillies, la première, qui aurait dû aborder notre aile droite, entraînée à l'est par la marée, comme on vient de le voir, n'avait pu arriver que très-tard sur le lieu de l'action. Faisant effort pour revenir de l'est à l'ouest, elle semblait menacer l'extrémité de notre ligne d'embossage, et vouloir passer entre la terre et nos bâtiments, suivant une manœuvre fort ordinaire aux Anglais. C'était, au surplus, un effet de sa position plutôt qu'un calcul. Mais des détachements de la 108e, postés sur le rivage, firent sur elle un feu meurtrier. Les marins anglais, sans se laisser rebuter, se jetèrent sur la canonnière *le Volcan*, qui gardait l'extrême droite de notre ligne. L'enseigne qui la commandait, nommé Guéroult, officier plein d'énergie, reçut l'abordage à la tête de ses matelots et de quelques soldats d'infanterie. Il eut un combat opiniâtre à soutenir. Tandis qu'il se défendait sur le pont de sa canonnière, les embarcations anglaises qui l'enveloppaient essayèrent de couper les câbles pour emmener la canonnière elle-même. Heureusement l'une des attaches était en fer, et put résister à tous les efforts qu'on fit pour la rompre. Le feu parti des autres bateaux français et du rivage obligea enfin les Anglais à lâcher prise. L'attaque sur ce point avait donc été aussi heureusement repoussée que sur les deux autres.

L'aurore commençait à poindre. La quatrième division

ennemie, destinée à se porter vers notre gauche et ayant
à faire un grand mouvement vers l'ouest, malgré la
marée qui portait à l'est, n'était point arrivée à temps.
De leur côté, les bombardes de Nelson, grâce à la nuit,
ne nous avaient pas fait grand mal.

Les Anglais se voyaient partout repoussés; la mer
était couverte de leurs cadavres flottants, et bon nombre
de leurs embarcations étaient coulées ou prises. La
clarté du jour devenant à chaque instant plus vive, rendait leur retraite nécessaire. Ils la firent vers quatre
heures du matin. Le soleil parut pour éclairer leur fuite.
Cette fois ce n'était plus de leur part une tentative in-
fructueuse, c'était une véritable défaite.

Nos équipages étaient tout joyeux : ils n'avaient pas
perdu beaucoup de monde, et les Anglais, au contraire,
avaient fait des pertes assez notables. Ce qui ajoutait
encore à la satisfaction produite par cette action brillante,
c'était d'avoir battu Nelson en personne et d'avoir rendu
vaines toutes les menaces de destruction qu'il avait publiquement proférées contre notre flottille.

L'effet contraire devait être produit de l'autre côté du
détroit; et bien que ce combat à l'ancre ne prouvât pas
encore ce qu'une semblable flottille pouvait faire en mer
quand il faudrait porter 100,000 hommes, toutefois la

confiance des Anglais dans le génie entreprenant de Nelson était fort diminué, et le danger inconnu dont ils étaient menacés les préoccupait bien davantage.

Nous nous sommes un peu longuement appesanti sur le récit de ces combats. Nous l'avons fait à dessein : nous voulions donner au lecteur une idée complète non-seulement de ce dernier acte de la guerre maritime de 1801, mais aussi et surtout de la physionomie de cette flottille de Boulogne qui a son histoire à elle et qui dans les premières années de ce siècle a joué un rôle tout à fait original. Ce n'est pas trop, dans une histoire de la marine française, que quelques pages consacrées à une flotte française appelée comme celle-ci aux destinées glorieuses que lui avait faites le génie audacieux de Napoléon.

Dans ces combats de Boulogne qui décidèrent la paix d'Amiens, nous avons voulu montrer aussi la part obscure peut-être, mais éminemment utile, qui doit être faite aux travaux de Forfait dans le port militaire. Aussi bien, après cette digression sur ces graves et intéressants sujets, ne nous reste-t-il plus, pour achever l'histoire de cet éminent Rouennais, qu'à constater l'ingratitude des jaloux qui réussirent, malgré ses trente années de services, à le mettre en disgrâce près de Bonaparte. Forfait se

retira, et vécut dans la solitude jusqu'au jour où il mourut dans la maison qui l'avait vu naître, dans cette ville
de Rouen où sont morts bien des génies méprisés ou
délaissés, bien de ces vaillants lions de la pensée qui,
n'ayant plus de forces, recevaient en silence et en esprit
de résignation, comme le vieux lion de Lafontaine,
les coups de dent du loup et les coups de pied de l'âne.

Nous avons hâte de reprendre le fil de nos considéra-
tions générales sur le progrès de l'esprit maritime au
xviiie siècle.

Nous avons dit combien Cauchot, Groignard, Duhamel du Monceau et Forfait contribuèrent à ce progrès.
Bien des illustrations devraient ici trouver leur place.
En 1746, l'année où La Bourdonnais forçait les Anglais
à capituler dans Madras, Bouguer, un modeste profes-
seur de navigation au Croisic, appliquant le premier avec
succès les sciences mathématiques à l'architecture navale,
publiait un Traité de navire. Cet ouvrage a·le rare mérite de rester encore le fondement de cette science.

Ce fut surtout dans les premières années du règne de
Louis XVI que les travaux maritimes et les études théoriques amenèrent chez tous les esprits une noble et fé-
conde émulation. Louis XVI lui-même apporta à la
restauration de la flotte une ardeur et une aide vraiment

royales. Dans tous nos ports, se fondèrent des académies où les marins et les constructeurs tenaient des conférences sur la marine. Notre marine marchande et notre commerce maritime, ruinés par la perte du Canada et des Indes, sortaient de leurs cendres et brillaient d'un nouvel éclat. Les colonies étaient ravitaillées; armes, munitions, ressources de toute espèce, rien ne fut négligé. Enfin, le succès de la guerre d'Amérique vint récompenser les efforts de tous et donner un nouveau courage aux constructeurs entreprenants qui avaient pris la tête de cette pacifique révolution.

Les vrais principes de l'architecture navale, mis en lumière par les géomètres de cette période, furent appliqués avec une admirable intelligence par l'ingénieur Sané (1740-1831), qui construisit des vaisseaux remarquables par leurs qualités nautiques. Ces vaisseaux, les plus parfaits qui eussent jamais été mis à la mer et dont *l'Océan* (1) est le modèle le plus connu, étaient supérieurs aux navires des autres nations.

---

(1) Nous avons déjà longuement parlé de l'*Océan*, p. 46-49. Nous rappelons seulement ici que ce beau navire eut successivement trois noms. Il s'appela d'abord : les *États de Bourgogne;* en 1793, la *Montagne;* en 1798, l'*Océan.* Il était armé de 118 canons.

« La marine française, dit M. le baron Dupin (1), se rappelle encore le sentiment d'admiration que fit naître le vaisseau l'*Océan*, navire à trois ponts, que le public admirait pour l'élégance et la majesté de ses formes apparentes, et que les marins admiraient parce qu'il était le vaisseau le plus facile à manœuvrer et le plus fin voilier entre tous les navires du même rang qu'on eût construits en Europe. Il ne suffisait pas du reste d'avoir conçu les plans et dirigé la construction des vaisseaux les plus parfaits, il fallait généraliser cette supériorité dans toute notre armée navale. C'est un nouveau service que rendit Sané. La France, au lieu d'avoir des armées navales qui manœuvraient avec tous les genres d'infériorité des plus mauvais vaisseaux, composa bientôt des armées dont les navires possédaient tous les genres de supériorité que l'art pouvait procurer ; c'était l'uniformité appliquée à la perfection. »

Malheureusement, quand il fallut tenir la mer, à la fin de la Révolution, plusieurs de ces excellents vaisseaux furent capturés et servirent de modèle dans les arsenaux

----

(1) Discours de M. le baron Dupin sur Sané, *Moniteur* du 29 août 1831.

de Porstmouth et de Wolwich. Les Anglais avaient con-science alors de leur infériorité ; et dans un compte rendu d'une commission parlementaire chargée en An-gleterre, vers les premières années du siècle, d'examiner les perfectionnements à établir dans la marine anglaise, nous trouvons les aveux suivants : « Lorsque nous avons construit exactement d'après la forme des meil-leurs vaisseaux que nous avons pris aux Français, joi-gnant ainsi notre talent d'exécution à leurs connaissances théoriques, nous avons obtenu les bâtiments reconnus les meilleurs de notre marine. »

Aujourd'hui, les Anglais ne copient plus nos vais-seaux ; nous copierons plutôt les leurs. Aujourd'hui d'ailleurs, le fer, les blindages et les cuirasses ont obligé les constructeurs à changer les règles primitives de la construction. L'architecture navale contemporaine est une science tout à fait à part ; et nous devons le dire, c'est une science sans règles bien sûres. Nous ne revien-drons pas sur les réflexions que nous ont inspirées ces fluctuations de l'art, et nous renvoyons nos jeunes lec-teurs au VIIIe chapitre de notre histoire maritime.

XII.

Effectif de la Flotte. — Matériel. — Personnel.

—

Nous savons désormais non-seulement à quel degré
de perfection la science maritime a amené le vaisseau de
la marine française, mais comment et par quelles causes

à cette puissance toute matérielle s'ajoutent l'expérience et l'énergie de nos marins. Nous avons, en un mot, terminé l'étude du *navire* et celle de l'*équipage*. Nous devons, pour compléter l'ensemble de notre travail, dire ici : 1° quelle est la force générale de notre marine ; 2° le nombre total et la répartition de nos marins ; ou encore : 1° l'effectif du matériel ; 2° l'effectif du personnel de la flotte française.

Tableau comparatif des forces maritimes françaises

en 1851 et en 1869.

	1851.	1869.
Bâtiments cuirassés.	0	57
Bâtiments à hélice non cuirassés. . .	14	230
Bâtiments à roues non cuirassés. . .	95	51
Bâtiments à voile.	211	99
TOTAUX.	320	437

Détail des 57 navires cuirassés, année 1869.

2 vaisseaux exceptionnels. . . { Monitor.
Rochambeau.

2 vaisseaux. . . . { Magenta. — 1,000 chevaux, 52 canons.
Solférino.

14 frégates. . . . {
Couronne. — 900 chevaux, 40 canons.
Normandie.
Flandre.
Magnanime.
Provence.
Savoie.
Surveillante. — 1,000 chevaux, 34 canons.
Valeureuse.
Gauloise.
Océan.
Guyenne.
Revanche.
Gloire. — 900 chevaux, 32 canons.
Invincible.

10 corvettes.

3 gardes-côtes, y compris le *Taureau.*

15 batteries flottantes.

11 batteries démontables pour rivières.

La marine militaire française se compose :

1° Du matériel, comprenant la flotte dont nous venons de donner le détail, et les chantiers, ports, arsenaux, dont Brest, Cherbourg, Lorient, Rochefort et Toulon sont les principaux :

2° Du personnel, constituant le corps de la marine, et comprenant les *officiers de marine*, l'état-major (amiral, vice-amiral et contre-amiral, capitaine, lieutenant, enseigne, aspirant); le corps du *génie maritime*, qui préside à la construction et à la réparation des navires de l'Etat; le corps de l'*artillerie de marine* et celui d'*administration de la marine*; enfin les *équipages de ligne*.

L'état-major de la flotte, qui a |fréquemment varié, est aujourd'hui de 3 amiraux, ayant rang de maréchaux; 17 vice-amiraux (généraux de division); 37 contre-amiraux (généraux de brigade); 110 capitaines de vaisseau (colonels); 232 capitaines de frégate (lieutenants-colonels); 672 lieutenants de vaisseau (capitaines); 588 enseignes (lieutenants).

Un ministère spécial veille, en France, sur tous les détails de ce grand service de la marine. Il comprend dans ses attributions, outre le personnel et le matériel de la marine, les tribunaux maritimes, la police de la navigation, des pêches maritimes, des bagnes, l'administration civile et militaire des colonies. Il surveille tous les services administratifs à l'aide d'un corps d'inspecteurs créé en 1853.

Il a dans son ressort l'institution des *invalides de la marine*, qui est destinée à donner des secours en France aux invalides qui sortent de la classe des marins. On sait que cette belle institution a été fondée par Louis XIV, sur la proposition de Colbert. Toute son économie roule sur l'épargne de trois caisses principales : 1° la caisse des *gens de mer*, 2° la caisse des *prises*, 3ᶜ la caisse des *invalides*.

XIII.

Bâtiments de commerce & Paquebots [1].

—

Il peut paraître singulier, au premier abord, que, pour ce qui concerne la marine marchande, la longueur des trajets ait pu agir d'une façon directe sur la construction des navires. Rien cependant n'est plus facile à établir. Peu importe à un voilier d'aller directement aux Indes. Il embarque plus de vivres et plus d'eau, et il fait sa route sans frais de port, ni sans danger d'atterrage. Les

---

(1) Voir la 2ᵉ partie de notre chapitre XI.

clippers vont à Sydney en soixante-douze ou soixante-quinze jours.

Mais la vie d'un steamer est astreinte à d'autres préoccupations. Le *Pereire*, par exemple, qui fait la traversée de l'Océan en dix jours, en moyenne, emploie 1,020 tonnes de charbon : c'est le cinquième de son poids total. Pour aller directement à Sydney, et en ne tenant compte que de la différence des distances, il brûlerait naturellement le quintuple de ce premier chiffre, c'est-à-dire bien près de 6,000 tonnes. De là l'absolue nécessité d'avoir un plus grand navire pour emmagasiner ces 6,000 tonnes de charbon, et de là cette règle connue : plus est long le trajet, plus est grand le navire. Enfin, plus les proportions du navire grandissent, plus il est lourd, plus est nécessaire l'abondance du combustible. C'est une sorte de cercle vicieux dont les constructeurs ne peuvent sortir. Mais encore est-il que, plus heureux que les ingénieurs de la marine militaire, ils n'inventent pas dans l'incertitude, et ne travaillent pas sans un but certain. Leur but à eux, c'est la solution parfaite de ce problème : construire des navires légers par eux-mêmes, avec des machines brûlant peu de charbon et réunissant la double qualité d'un volume peu considérable et d'une force très-puissante.

Ce n'est point ici le lieu d'énumérer et de décrire tous les types de paquebots qui sont sortis de nos ports français depuis l'application de la vapeur à la navigation. Rappelons cependant que le 19 mars 1816, on vit entrer au Havre l'un des premiers steamers à vapeur, acheté à Londres par la compagnie Pajol pour un service de voyageurs et de marchandises sur la Seine à Paris. Ce bateau, qui n'avait que 16 mètres de long sur 6 mètres de large, et une machine de 10 chevaux, fit événement au Havre, et la population entière fut sur la jetée le voir sortir pour remonter la Seine. A Rouen, les dames de la halle allèrent en procession au passage du pont, pour offrir au capitaine un énorme bouquet. A Paris, ce fut au son du canon que l'*Elise* vint sous les fenêtres des Tuileries se faire applaudir par Louis XVIII, en présence d'une population enthousiasmée.

La compagnie *Veillard* du Havre fut une des premières à installer des steamers pour marchandises et passagers. A Marseille, à Bordeaux, des entreprises se formaient ; des transports rapides organisèrent la concurrence et stimulèrent une émulation générale. L'Angleterre et l'Amérique nous envoyèrent leurs grands paquebots. Enfin, comme la marine militaire, la marine marchande a subi au moment de l'invention de l'hélice une transformation qui dure encore, et qui s'accélère de plus en plus. Aujourd'hui la Compagnie transatlantique est propriétaire des plus grands paquebots qui fréquentent nos ports. Elle possède treize steamers, qui sont les vrais modèles des steamers français. Nous nous reprocherions de ne pas nous arrêter spécialement devant les deux plus beaux de ces steamers, le *Pereire* et la *Ville-de-Paris.*

LES PAQUEBOTS TRANSATLANTIQUES *LE PEREIRE* ET *LA VILLE-DE-PARIS.*

Le *Pereire* et la *Ville-de-Paris* sont deux paquebots en fer remarquables à tous les points de vue.

Le *Pereire* a été construit en novembre 1865, et la *Ville-de-Paris* à peu près à la même époque, chez M. Robert Napier, en Angleterre. La longueur de ces deux paquebots est de 106 mètres 75 ; leur largeur entière 13 mètres 33 ; tirant d'eau moyenne en charge, 6 mètres 70.

Le poids total de l'un d'eux est ainsi réparti : coque, emménagements, armements, 2,357 tonnes ; machines et chaudières, 628 ; charbon, 1,020 ; vivres et eau, 100; passagers et cargaison, 600.

. L'aspect élégant du *Pereire* tient essentiellement à ce qu'il est bas sur l'eau, le pont n'ayant au milieu du navire qu'une hauteur de 2 mètres 70 au-dessus de la ligne de flottaison ; le charbon étant placé à l'avant, l'arrière reste toujours également immergé ; ce qui maintient constamment l'hélice en pleine eau ; du reste, une des grandes difficultés de construction et d'emménagement de ces paquebots, c'est de faire qu'ils conservent une stabilité permanente, tout en subissant forcément des chargements très-inégaux. Le *Pereire* n'a rien à envier sur ce point à aucun des transatlantiques. Il est en même temps solide, léger et rapide. Sa machine, également anglaise et de 1,000 chevaux, est à cylindre renversé et à *pilon :* elle bat cinquante-cinq coups de piston à la minute.

On a calomnié l'hélice ; on peut atteindre en mer avec l'hélice les plus grandes vitesses : la machine du *Pereire* l'a prouvé.

Cette machine a cela de remarquable, qu'elle a dissipé par sa perfection et par son succès tous les doutes que les ingénieurs et les marins avaient élevés sur l'efficacité des *machines à pilon* servant à la mer. Elle se compose de deux cylindres courts, verticaux, dont le piston, au lieu de fonctionner par la partie supérieure, sort du cylindre par la partie inférieure. En faisant tourner l'arbre, il semble produire comme le mouvement d'un pilon qui frappe de haut en bas, d'où son nom. Ces deux cylindres sont supportés par quatre grosses colonnes creuses posées sur le plancher que supporte lui-même la membrure ; ils ne sont jamais déplacés ; ils ont résisté à toutes les secousses, à toutes les vagues, sans jouer d'une ligne, malgré leur masse, malgré leur situation pour ainsi dire en équilibre. Ils ont 2 mètres de diamètre. La course du piston est de 1 mètre 219.

Son hélice est du système Griffith. Son pas est de 5 mètres 79 de diamètre ; il a 50 tours, et développe une vitesse de 14 nœuds. Les arbres ont une longueur totale de 35 mètres. Le dernier qui porte l'hélice s'engage dans un trou garni de coussinets, pratiqué dans l'étambot du gouvernail. La partie frottante est garnie de bronze. Le gouvernail est petit relativement à la longueur totale du navire.

L'intérieur se compose d'une suite de salons bien éclairés et aérés, séparés de chaque côté du *plat bord* par un couloir de 2 mètres de large ; au centre, une cabine élevée et confortable abrite le capitaine pendant la traversée. Un télégraphe le met en communication avec la machine et le timonier.

Le *Pereire* renferme 76 cabines de 1re classe, contenant 163 lits ; 21 cabines de 2e classe, 88 lits ; 2 cabines de 3e classe, 36 lits ; 355 passagers peuvent y coucher.

Le *Pereire* porte 3 mâts, et peut livrer au vent 1,399 mètres carrés de toile. La mâture est en bois, et le gréement en fil de fer ; 3 grosses ancres et 5 pompes de cale complètent cet emménagement. L'équipage est de 162 hommes, dont 40 mécaniciens ou chauffeurs, et 12 soutiers.

A chaque voyage, il prend 1,020 tonnes de charbon, qu'il emmagasine dans 4 soutes ; il brûle donc le cinquième du poids total qu'il porte. De sorte que, pour transporter du Havre en Amérique 335 passagers avec leurs colis, il est obligé de dépenser un million de kilogrammes de charbon, chose étonnante en vérité, et qui ne s'explique que par la francisation de cet adage américain, *time is money*. En effet, s'il dépense un million de kilogrammes de charbon, en revanche il fait la traversée en neuf jours et demi ; et la vitesse a son prix. C'est là un principe devenu fondamental dans le monde des affaires. Se déplacer d'un hémisphère à l'autre, vite, bien, sûrement, malgré le vent, malgré la mer, malgré tout et tous, voilà l'important, voilà le *nec plus ultra* du progrès !

Cependant il y a des jours où l'homme, surpris par la colère de la mer et des flots qu'il a voulu dompter, s'arrête forcément dans sa course, et, s'avouant vaincu, ne doit son salut qu'à sa fuite précipitée devant l'ouragan qu'il a longtemps bravé.

Le *Pereire*, tout parfaitement construit qu'il soit, a eu à subir au mois de janvier 1869 le plus terrible des coups de mer. Voici comment son brave capitaine raconte l'événement :

« Je suis parti du Havre le 15 janvier dernier. Le lendemain, vers dix heures du matin, arrivé à Brest, d'où je suis reparti le même jour à trois heures du soir. J'ai navigué sans événements remarquables jusqu'au 20. Ledit jour, le temps a pris une mauvaise apparence : le baromètre baissait de 3 à 4 millimètres par heure, et il a bientôt atteint ses plus basses limites.

« Le vent commença par le sud à souffler en tempête, et le 21 vers midi il soufflait de l'ouest en ouragan. La mer était monstrueuse et couvrait le navire d'embruns. Le navire était en cape la joue de babord à la lame. La machine fonctionnait de manière à maintenir autant que possible le navire dans le lit du vent et à l'empêcher de faire de trop grandes abattées.

« Vers deux heures un quart du soir, le navire reçut par babord-avant un coup de mer terrible qui brisa tout sur son passage, remplit d'eau les cabines, la machine et les soutes à charbon, et jeta le navire sur le côté de tribord. Immédiatement, et pour le salut commun, la barre a été mise au vent, et le navire a fait son abattée en fuite à la lame.

« Tous les débris du rouffle, planches, rampes en fer et en cuivre, une grande quantité de provisions de toute espèce, batterie de cuisine, vaisselle, etc., ont été jetés à la mer pour soulager le navire et faciliter l'écoulement des eaux.

« Presque toute la literie du bord, matelas, oreillers, couvertures, draps de lit, coussins de canapés, furent sacrifiés pour boucher les ouvertures faites par la mer.

« J'ai continué à fuir à la lame et rétrogradé à l'est pendant vingt-quatre heures. Peu à peu la mer se calma, et on put se diriger un peu au sud vers la Manche. Après délibération avec les principaux de l'équipage, il a été décidé à l'unanimité que, vu l'état du navire, il était impossible de continuer la route sur New-York, et qu'il fallait, pour le bien et le salut commun, retourner en Europe. En conséquence, la route a été dirigée vers le Havre.

« Le coup de mer a brisé les bastingages depuis le milieu du navire jusqu'à l'avant ; la muraille en tôle a été enfoncée, et les jambettes brisées. Des chaînes de haubans et de galhaubans, de misaine, ont été cassées. La grande cheminée à vapeur a été fortement endom- magée, celle de la cuisine brisée. Les deux passerelles ont été démolies.

« Deux canots ont été enlevés, et enfin le rouffle a été broyé depuis le milieu du navire jusqu'à l'avant ; il ne reste plus trace du salon des secondes, ni du carré des officiers. La vaisselle et le mobilier roulaient sur le pont.

« Le coup de mer a tué trois passagers dans le salon des secondes, un matelot sur le pont, a enlevé un autre matelot et un garçon de salle, et a blessé plus ou moins grièvement vingt-quatre personnes.

« Le chargement, vu l'immense quantité d'eau qui

est entrée dans le navire, a été aussi endommagé, de même que les bagages des passagers.

« Le 26 janvier, à cinq heures du matin, je suis arrivé en rade du Havre et y suis entré à la marée (1). »

Après les paquebots, les clippers sont les navires les plus considérables dans la marine marchande.

La marine marchande française compte peu de clippers ; mais des chantiers français en ont construit, et nos ports en reçoivent tous les jours. Ils servent donc à l'écoulement des produits français aussi bien qu'à l'importation des richesses que nous consommons ; ils sont français par la naissance, sinon par le pavillon.

Les clippers que nous construisons en France ont ordinairement 60 à 65 mètres de long. Ils sont peu élevés sur l'eau, et leurs formes sont très-fines. Ils ont ordinairement trois mâts : misaine, grand mât, artimon ; ils sont quelquefois en fer. Chacun d'eux porte une basse voile, un hunier, un perroquet et un cacatois. Le beaupré a quatre focs. Le navire porte 3,200 ou 3,300 mètres carrés de toile.

Les bateaux *Seine-et-Tamise* ont tout récemment

---

(1) Rapport du capitaine Duchesne.

réalisé un des problèmes les plus difficiles de l'art naval, celui de pouvoir naviguer sûrement sur une mer mauvaise, comme la Manche, et en même temps dans des eaux peu profondes, comme la haute Seine. Ces navires font le service direct de Paris à Londres : ils sont parfaitement adaptés à leur destination. Le Parisien les voit amarrés au quai du Louvre; l'Anglais, au quai de London Bridge, en pleine Tamise.

M. Cochot, le constructeur de ces navires, a divisé la carène en cloisons, èt les a fortifiés par des armatures en fer très-résistantes, mais légères en même temps. De cette façon, le navire ne risque pas de se tordre en mer, et il peut embarquer un grand nombre de marchandises sans tirer beaucoup d'eau.

Ces navires ont des hélices jumelles, mues par une machine de 60 chevaux. Les pistons font 120 tours à la minute.

L'un de ces deux bateaux vient de périr entre les jetées de Fécamp, dans les circonstances suivantes :

Parti le 16 décembre 1869, du port du Louvre, chargé de sucres et d'articles de fantaisie, il avait stoppé à Rouen, et passé devant le Havre dans la journée du 18 décembre. A ce moment, le vent fraîchit considérablement; la mer soulevait des lames furieuses qui passaient par-dessus le pont et entraient dans les machines. Cependant le capitaine tenait bien la mer, mettait le nez au vent, et recevait bravement les assauts répétés des vagues. Le vent augmentait toujours, et la nuit venait. On résolut d'entrer à Fécamp en relâche, le roulis devenant trop fatigant pour le navire.

Malheureusement, la mer baissait, et la *Seine-et-Tamise*, à la chute du jour, croyait pouvoir passer dans les jetées sans toucher. Tout alla bien d'abord, le navire se présenta bien à la droite du môle ; mais, tout à coup, une lame énorme le prit par l'arrière ; l'action du gouvernail fut paralysée, et le bâtiment alla donner sur le musoir du môle, d'où il échoua sur le banc qui l'entoure.

Depuis longtemps on travaille dans le port de Fécamp à faire disparaître ce lit de rochers, funeste aux navigateurs, lorsque la marée est moyenne ; mais avant que l'inconvénient soit disparu, bien des navires peut-être s'y perdront comme la *Seine-et-Tamise*.

Aussitôt que la *Seine-et-Tamise* eut touché, on s'occupa de sauver l'équipage. La mer arrivait sur l'arrière du bâtiment, et battait comme sur un rocher. L'étrave se disloquait peu à peu ; enfin d'innombrables débris de toute sorte étaient emportés dans l'avant-port.

Heureusement, la carène n'est pas entièrement perdue. Grâce à un système ingénieux et à la coopération d'un aviso de l'Etat, la coque a pu être relevée, et le passage est maintenant parfaitement libre pour les navires qui entrent, ou pour ceux qui sortent.

XIV.

Canot de sauvetage.

—

SOCIÉTÉ CENTRALE DE SAUVETAGE FRANÇAIS.

La France a été l'une des dernières nations maritimes à former des sociétés de sauvetage, malgré l'exemple voisin de l'Angleterre, dont l'institution des *life boats* remonte à de nombreuses années, et dont le matériel s'élève à 172 bateaux.

Chez nous, ce fut la ville du Havre qui la première

mit à l'œuvre l'un de ces ingénieux appareils. Il sortit des ateliers de MM. Lahure et Moë ; et en 1865, mais seulement alors, se fonda la Société française de sauvetage, sous le patronage de l'Impératrice, et sous la présidence de l'amiral Rigault de Genouilly. A la première assemblée de la Société en 1866, huit stations existaient. En janvier 1869, elle en avait quarante-huit.

C'est M. Albert, capitaine de vaisseau, qui s'est généreusement consacré à l'organisation de ces stations et au recrutement des équipages. Grâce à ses soins intelligents, le nombre des victimes de mer a diminué d'une manière notable.

De 1862 à 1865, 986 naufrages avaient amené la mort de 853 personnes.

En 1865, sur 249 naufrages ayant menacé la vie de 1,782 hommes d'équipage, on compta 305 victimes.

En 1866, sur 365 naufrages avec 2,112 hommes d'équipage, 182 victimes seulement.

Heureusement que ces intrépides sauveteurs ne calculent pas ce que vaut leur héroïsme ; car leur paie est bien mesquine : un patron est payé 200 fr. par an ; et quand il sort la nuit, 3 fr. par sortie, ainsi que tous ses hommes.

Le type du canot de sauvetage adopté par la Société française a été perfectionné par M. Normand, au Havre. Il a 9 mètres de long, 2 mètres de large, 1 mètre 65 de hauteur à l'étrave et à l'étambot, et 91 centimètres au milieu. Les bordages consistent en deux couches de planches d'acajou croisées, séparées par une toile imprégnée de glu marine ou de peinture. Leur épaisseur totale est de 16 millimètres.

Il est garni de caisses à air qui ne laissent dans le bateau que la place, ou plutôt le trou, où se mettent les huit rameurs dans le cas où le canot chavire. Les caisses et le poids qui les accompagnent deviennent des flotteurs et sont disposés de telle sorte, qu'ils ramènent infailliblement l'embarcation à sa position habituelle. Alors l'eau, dont elle est pleine, sort par son propre poids par six puits que ferme à volonté une soupape.

Le canot de sauvetage peut être amené sur la plage par un chariot construit à cet effet.

XV.

Pêches.

—

GRANDES PÊCHES.

La pêche de la baleine a lieu dans les mers du Nord et dans les mers du Sud.

« La pêche du Nord, dit M. Hautefeuille dans le *Dictionnaire de Commerce et de Navigation*, se fait dans le détroit de Davis, la baie de Baffin, et dans les mers qui se rapprochent le plus du pôle arctique. La baleine devient de plus en plus rare, et les baleiniers sont forcés de s'élever de plus en plus vers le Nord. »

Cette navigation au milieu des glaces, sur des mers souvent tourmentées par les tempêtes, est tout à la fois périlleuse et pénible, et forme d'excellents marins. La saison de la pêche ne dure que deux ou trois mois. La baleine *franche* en est le produit principal ; elle donne une huile abondante et d'une qualité supérieure à celle de la baleine du Sud, et des fanons qui sont l'objet d'un commerce important.

La pêche du Sud se pratique sur les bancs du Brésil, sur les côtes de la Patagonie, et au sud du cap Horn. Elle exige une navigation moins dure, mais plus longue.

Malheureusement, les Français ont presque entièrement abandonné cette pêche, autrefois très-importante ; et cependant des primes assez élevées sembleraient devoir en animer les armements : il y a prime de départ, 70 fr. par tonneau de jauge pour les armements tout français, et prime de retour, 50 fr. par tonneau pour tout navire rapportant un chargement de la moitié au moins de son tonnage.

PÊCHE DE LA MORUE.

Les Français font la pêche de la morue sur la partie des côtes de Terre-Neuve où les traités de 1815 leur ont donné droit de pêcher et de sécher, à Saint-Pierre et à Miquelon, et dans les mers d'Islande.

Le navire expédié pour la pêche à Terre-Neuve est mouillé et même désarmé aussitôt arrivé dans le havre qui lui appartient. Les hommes construisent à terre le *chafaud* (établissement nécessaire pour la préparation du poisson) et des cabanes pour leur habitation ; puis, chaque jour, toutes les embarcations vont à la pêche, qui se fait, soit à la ligne, soit à la seine, et rapportent le poisson, qui est tranché, salé et séché par les hommes restés à terre.

Pour arriver à une répartition équitable des différents havres de Terre-Neuve sur lesquels la sécherie doit être faite, tous les armateurs qui se proposent d'envoyer des navires à la pêche se réunissent tous les cinq ans, le 5 janvier, à Saint-Servan, en assemblée générale, sous la présidence du commissaire de l'inscription maritime. Là, ils procèdent au tirage au sort de ces différents havres qui sont attribués à chaque navire, préalablement déclaré suivant son tonnage et le nombre des hommes qui le montent; l'armateur désigné devient alors pour cinq ans un véritable usufruitier, non-seulement des grèves qui lui sont attribuées, mais des établissements élevés sur ces grèves.

PÊCHES CÔTIÈRES.

La pêche côtière, source d'industrie et de richesse pour nos villes du littoral, est tout à la fois une retraite pour un grand nombre de marins qui ne peuvent entrer dans la marine au long cours, et une école d'apprentissage pour les enfants de ces mêmes marins. Véritable pépinière de la marine, elle accoutume ces enfants aux dangers de la mer, les façonne aux manœuvres, et souvent en fait d'excellents matelots. Treize mille jeunes garçons sont employés à cette pêche.

Le hareng est un poisson voyageur. Il sort chaque année des mers polaires, dans lesquelles il prend existence sans doute, et s'avance en bancs immenses vers le Sud en suivant les rivages européens de la mer du Nord et ceux de la Manche. Les Français font ordinairement la pêche du hareng du mois d'octobre à la fin du mois de décembre, et du mois de février à juillet. Ils montent à cet effet des bâtiments de 15 à 75 tonneaux. Le hareng pris dans la première époque est conservé salé et fumé, et devient hareng saur. Celui de la deuxième époque est livré frais à la consommation.

L'engagement des matelots pour les pêches du hareng doit être fait *à la part*, et non autrement, sous peine de faire perdre aux produits de la pêche l'immunité des droits d'entrée, et de les faire considérer comme produits de pêche étrangère.

Le partage se fait ainsi : à bord d'un bateau de 60 tonnes ayant 21 hommes d'équipage au minimum, les produits sont divisés en 26 parts :

21 hommes sans filets, à 1/2 chaque. . .   10 50

21 filets complets, à 1/2 chaque. 10 50

Bateau. . . . .   5 »

                              —————

                             26 »

Cinq cent cinquante bateaux français s'occupent de la pêche du hareng.

PÊCHE DU MAQUEREAU.

La pêche de ce poisson ressemble tout à fait à celle du hareng. Elle est pratiquée avec des filets dormants ou à la ligne, en flotte avec des filets dérivants. Elle emploie 300 petits bateaux le long des côtes de France.

PÊCHE AUX HUÎTRES.

La pêche aux huîtres est l'une des premières indus-tries maritimes françaises, et a lieu sur presque toutes nos côtes, particulièrement sur le littoral de la Méditer-ranée et de la Bretagne. Les bancs d'huîtres ne sont livrés à l'exploitation que lorsqu'ils sont en état de sup-porter et de fournir des coquillages abondants et de bonne qualité. On laisse ainsi à ceux qui sont appauvris le temps de se peupler de nouveau; et pour activer cette régénération, on porte même sur ces bancs épuisés de jeunes huîtres, qui les fécondent bientôt.

Mais la science ne se borne pas à améliorer les huîtrières existantes ; elle a été plus loin, et en a créé dans les lieux mêmes où il n'en existait point. Ainsi, la mer elle-même se trouve réellement livrée à une culture et à une exploitation régulières. Elle reçoit la semence, et fournit la moisson au temps où elle est attendue.

La pêche est ouverte du 1er septembre au 30 avril, depuis le lever jusqu'au coucher du soleil. Elle se fait au moyen d'une drague. La drague est armée en fer et porte un sac fait en filet de chanvre, en lanière de cuir ou en fil de fer. Les mailles doivent avoir 0 m. 54 en carré.

En un an, les bateaux de Granville rapportent 43,260,000 huîtres. Le prix en est de 16 fr. le mille.

XVI.

·

Pilotes.

—

CAPITAINES AU LONG COURS. — MAITRES DE CABOTAGE.

La navigation marchande se divise en *cabotage* et en *navigation au long cours*.

Le cabotage signifie rigoureusement la navigation qui se fait de cap à cap, c'est-à-dire le long des côtes, pour le transport des marchandises d'un port à un autre. On distingue, d'après l'ordonnance du 18 octobre 1749, qui est encore en vigueur, le petit cabotage, qui se fait d'un port à l'autre de la France dans la Manche, l'Océan et la Méditerranée, et le grand cabotage, qui se fait dans la Manche avec la Belgique, la Hollande et les îles Britanniques, dans l'Océan avec l'Espagne et le Portugal, dans la Méditerranée avec l'Espagne et l'Italie. Les marins qui commandent les bâtiments caboteurs s'appellent des *maîtres au cabotage*. Les maîtres au petit cabotage doivent subir un examen sur les notions pratiques de la manœuvre et du pilotage. Certaines notions théoriques sont, au contraire, exigées des maîtres au grand cabotage.

Le cabotage, un des agents les plus actifs de la circulation commerciale, a l'avantage de transporter les marchandises à bas prix et de former de bons navires. Mais les canaux et surtout les chemins de fer lui ont fait un tort considérable.

Les bâtiments caboteurs de France, au nombre de 10,000 environ, et montés par 40,000 hommes, transportent plus de 2 milliards de tonneaux par an, en faisant près de 100,000 traversées, et en fréquentant plus de 150 ports.

Les formalités imposées au commerce du cabotage sont contenues dans une loi du 22 août 1791, une circulaire des douanes du 20 octobre 1834, et une loi de juillet 1836. La vérification de la cargaison, la formalité du plombage, du passavant, de l'acquit-à-caution, et de la vérification à l'arrivée, sont les principaux chapitres de ces lois, qui, de concours avec celle du 16 mai 1841, exemptent le cabotage français des droits de tonnage et d'expédition.

Le long cours est la navigation en Afrique, aux Indes, en Chine, en Orient, aux deux Amériques; en un mot, dans toutes les parties du globe où n'a pas été spécialisée la navigation du cabotage.

Le capitaine au long cours est le premier des capitaines dans la marine marchande.

Pour obtenir ce titre, il faut justifier, devant une commission d'examinateurs, de cinq ans de navigation, dont un au moins sur un navire de l'Etat, avoir vingt-quatre ans d'âge, et subir un examen dont les matières embrassent l'arithmétique, la géométrie, les deux trigonométries, l'astronomie nautique, la manœuvre, le gréement et l'arrimage des navires. Quand les besoins de l'Etat font appeler le capitaine au long cours dans la marine militaire, on l'emploie en qualité de lieutenant de frégate auxiliaire. Les propriétaires ou armateurs d'un navire choisissent le capitaine. Ils peuvent le congédier sans lui donner de motifs, et avec de simples frais de route. Si le capitaine avait une part de propriété dans le navire, il pourrait, quand on cesse de l'employer, céder sa part à un tiers, ou exiger le remboursement du capital que cette part représente. S'il se démet volontairement, il ne peut exiger ce remboursement. Ses fonctions cessent, si le navire est saisi et mis en adjudication.

Le capitaine choisit son équipage, à moins que les propriétaires ne soient domiciliés dans le même lieu, cas auquel il fait ses choix de concert avec eux. Avant de partir, il reçoit les marchandises qu'il doit transporter, en signe un connaissement, sorte d'acte ou de déclaration contenant un état des marchandises chargées sur le navire, le nom de ceux à qui elles appartiennent, le lieu du départ et la destination, enfin le prix du fret. Il est fait en quatre originaux sur timbre, pour le capitaine, le chargeur, l'armateur et la personne à qui les marchandises sont adressées. Il fait foi entre les parties intéressées au chargement et entre celles-ci et les assureurs. (Code de commerce, II, 7-281 à 285.)

Le capitaine prend à la douane un acte qui constate l'origine du navire, les procès-verbaux de visite, les acquits de paiement ou à caution ; sans quoi, son navire pourrait être soumis aux droits de prise en temps de guerre. Il lui faut aussi un livre de bord, l'acte de propriété du navire, l'acte de francisation, le congé qui lui permet de mettre en mer et de naviguer sous la protection du pavillon national, le manifeste destiné à constater l'état de la cargaison et un rôle de l'équipage. Il est tenu d'achever son voyage, sous peine de dommages et intérêts, à moins de force majeure.

En cas de danger, il ne peut abandonner le navire sans l'avis des principaux de l'équipage ; et en ce cas, il doit sauver l'argent et les marchandises les plus précieuses. Si son navire éprouve des avaries, il doit les réparer. Si elles ne sont pas réparables, il a le droit, même sans un pouvoir spécial des propriétaires, de vendre le bâtiment et d'en acheter un autre. Si un crime est commis par un passager ou un matelot, il fait saisir le coupable, et le remet, dans le premier port, au tribunal compétent. Quand on arrive au lieu du débarquement, il doit, dans les vingt-quatre heures, soumettre son livre de bord au président du tribunal de commerce, dans les ports français, ou au consul de France, dans les ports étrangers.

Un capitaine qui est à bord ou sur la chaloupe qui se rend au navire *prêt à faire voile*, ne peut être arrêté pour dettes civiles ou commerciales. Le capitaine est responsable envers le propriétaire des fautes qu'il a commises dans l'exercice de ses fonctions.

L'importance des fonctions du capitaine de navire marchand, sans être comparable à celle d'un commandant de navire de l'Etat, a pourtant sa grandeur relative. Comme ce dernier, il conduit son navire au milieu des dangers de la route. Il lui faut donc le savoir pour se diriger dans les mers lointaines qu'il parcourt, pour traverser les immensités des océans indiens, où de plus en plus le commerce français trouve d'importants débouchés ; il lui faut le courage, la présence d'esprit, le sang-froid de celui qui non-seulement commande, mais est responsable de sa cargaison et de ses hommes.

A toutes ces qualités nécessaires au capitaine au long cours, il faut ajouter l'importance de ses fonctions commerciales et administratives sur un navire qui porte quelquefois d'immenses quantités de marchandises, et reconnaître que ce rang de capitaine au long cours a droit à l'estime, au respect de tous les marins.

On distingue en France trois classes de pilotes : 1° les *pilotes de vaisseaux,* officiellement appelés *premiers maîtres de timonerie,* qui doivent posséder à un assez haut degré les connaissances générales du pilotage ; 2° les *pilotes côtiers marins,* qui ont une connaissance spéciale de certaines côtes et de certaines parties de mer ; 3° les *pilotes lamaneurs,* qui possèdent à fond la connaissance pratique d'une portion de côte, et qui se chargent de diriger les navires dans les limites de cette localité.

Pour être reçu pilote lamaneur, il faut avoir vingt-quatre ans, compter six ans de navigation, dont deux campagnes au service de l'Etat, et avoir subi un examen tant sur la manœuvre que sur la connaissance des marées, courants, bancs, écueils, et autres empêchements qui peuvent rendre difficiles l'entrée et la sortie des rivières, ports et havres de la localité où l'on veut exercer. L'insigne du pilote lamaneur est une petite ancre d'argent à la boutonnière. Son salaire a été réglé par décret de novembre 1810.

Il y avait, avant 1791, sur les bâtiments du roi des

pilotes *hauturiers*, chargés de diriger la navigation en haute mer, et qui ne pouvaient devenir officiers, parce qu'ils n'étaient pas de race noble. Leurs fonctions sont aujourd'hui réparties entre les officiers, selon leur grade.

XVII.

Cérémonies de la Marine française.

—

LE LANCEMENT DU NAVIRE. — LE BAPTÊME DE LA LIGNE.
— LE VOEU DE L'ÉQUIPAGE.

Il y a dans la marine française de vieilles coutumes
que les générations de nos marins perpétuent d'âge en
âge, et qui marquent pour ainsi dire les différentes
phases de la vie d'un navire.

La plus ancienne de ces coutumes est la cérémonie
imposante de la mise à l'eau du navire.

La coque vient d'être terminée. Si c'est un navire
marchand en bois, on le double de cuivre; si c'est un
cuirassé, on le blinde. On le dispose alors à l'opération

du *lancement*. Aux étais fixés dans le terrain pour soutenir le vaisseau, on en substitue d'autres plus mobiles ; des cordages sont frappés de tous côtés ; encore un peu, et le navire, entraîné par son propre poids, va glisser sur son *berceau*.

De toutes parts arrivent alors des marins, des curieux, des populations entières ; l'état-major avec ses habits dorés, les femmes avec leurs parures, émaillent la foule compacte qui remplit l'arsenal ou les gradins de la plage. Les ingénieurs se pressent, vont, viennent, font leurs dernières recommandations. La marée haute vient mouiller le pied de l'étambot, les derniers *étançons* fixes sont enlevés ; le navire, porté sur son *ber*, n'est plus retenu que par un câble sur l'avant. C'est alors que la cérémonie arrive au moment vraiment touchant et vraiment solennel. De l'église voisine sortent en procession les prêtres vêtus de leurs ornements, la bannière en tête et en grand appareil ; un espace est réservé pour les saints lévites ; le curé du lieu s'approche, et, regardant le navire, il le bénit du geste et du goupillon ; puis il recommande à Dieu la vie des hommes qui le montent, l'honneur du pavillon français qu'il va porter sur les mers les plus inconnues ; il supplie avec la foule

la providence attentive et dispensatrice du Créateur de
ne jamais perdre de vue cette coquille de noix qui entre
en lutte avec l'Océan ; enfin, et après une dernière bé-
nédiction, une suprême prière, il se retire en chantant,
avec les matelots, les enfants et les femmes, un de ces
cantiques maritimes dont les populations côtières ont
seules le secret.

Maintenant le navire n'a plus rien à attendre de la
terre qu'il va quitter. Le câble qui le retient va céder
sous les efforts de la hache. Autrefois, un arc-boutant,
fiché en bas de la cale et portant de l'autre bout sur
l'étambot, formait seul le dernier obstacle à l'élan du
navire. « Alors, dit M. Pacini dans sa *Marine*, au milieu
de cette foule animée, on voyait s'avancer un homme
vêtu de rouge, au visage pâle et désespéré ; armé d'une
hache, il entamait l'arc-boutant, la clef. Si le *ber* était
bien installé, si les cordes passées sous la quille,
mouillées à propos, avaient bien soulevé le bâtiment, la
masse énorme faisait sauter en éclats la clef déjà affai-
blie, et l'infortuné, n'ayant pas le temps de se blottir
dans un trou creusé en terre, sa seule chance de salut,
disparaissait, broyé dans cet épouvantable choc. C'était
un forçat qu'on désignait pour ce terrible office ; et lorsqu'il échappait à cette mort presque inévitable, sa grâce

était le prix de son adresse. Aujourd'hui, la clef est en-
levée avant que le câble soit coupé. »

Sur le bâtiment, décoré de guirlandes de feuillage,
de bouquets de fleurs, flottent dès banderoles, des pavillons et des flammes. Le signal est donné ; un silence
religieux règne dans la foule assemblée ; le câble est
coupé ; le bâtiment, un moment immobile, s'ébranle
lentement d'abord, puis le mouvement se prononce,
s'accélère, se précipite. Les *coittes*, en glissant, s'é-
chauffent, le bois fume, s'enflamme même. L'arrière
écarte la mer, la refoule, la soulève ; forcée de recevoir
brusquement un hôte aussi colossal, elle ondule comme
après une tempête. Les fanfares résonnent, les applau-
dissements retentissent ; les embarcations, balancées sur
les vagues, s'entre-choquent, se remplissent à moitié ;
les cris d'effroi se mêlent aux acclamations ; les cha-
peaux, les écharpes s'agitent et saluent le premier pas
de ce vaisseau, qui porte dans ses flancs une part des
destinées de la France. Puis, les oscillations des eaux
diminuent, la foule s'écoule, et, comme dit M. Pacini, la
mer, rentrée dans son lit, caresse paisiblement la carène
dont le premier embrassement avait été si impétueux.

Une autre cérémonie en usage dans la marine française, cérémonie beaucoup moins solennelle, mais d'un prix infini pour nos marins, est le *baptême de la ligne*.

En terme de marin, *la ligne*, c'est l'*équateur*. Lorsque pour la première fois, dans un voyage, le navire passe à l'équateur, on dit qu'il passe sous la ligne, et c'est un véritable événement à bord : des réjouissances toutes spéciales s'organisent ; une mise en scène, avec mascarades et costumes, avec discours et scénarios, s'improvise dans toutes les parties, à tous les étages du bâtiment, et tous ceux qui le montent y prennent part : commandant, officiers, matelots, passagers.

Les gens de mer ont un quadruple but en se livrant à ces vieilles bouffonneries qui font époque dans une vie maritime. Outre le plaisir tout spécial de célébrer le succès d'un long voyage et le passage d'un hémisphère à l'autre, ils sont heureux de se jouer en toute impunité des matelots novices qui passent la ligne pour la première fois, de prélever d'assez larges *pourboires* sur l'appréhension des passagers, de berner impitoyablement ceux contre lesquels se sont élevés quelques griefs ; enfin, et surtout, de se livrer sans contrôle, sans discipline, à toutes les folies d'une journée qui a toujours été précédée et qui toujours doit être suivie de tant de privations, de fatigues, de périls de toute espèce.

Ce jour-là, des rations de vin sont abondamment distribuées parmi tous les rangs de l'équipage ; et dès la veille commencent les préliminaires de la comédie maritime. Du haut de la mâture, un matelot déguisé s'abat sur le pont, comme un courrier du bonhomme Tropique, se fait présenter au commandant, et, dans un discours bigarré de mots à effet, de saillies maritimes, de calembours et de plaisanteries, il lui fait entendre que l'équipage ne peut se passer de sa permission pour fêter le baptême de la ligne. Il est rare que la demande soit refusée et que le courrier du bonhomme Tropique ne soit largement récompensé.

Le lendemain, les échafaudages sont dressés sur le pont, les caissons de la timonerie l'enveloppent de leurs mille couleurs ; des pavillons sont tendus et hissés de tous côtés, près de la tente de toile légère qui l'abrite. Sur l'échafaudage sont les instruments de la torture imaginaire qu'on doit faire subir aux passagers et aux novices : une férule en cuir, un billot, des tenailles, un rasoir de bois, etc.

Le signal est donné par le commandant ; la fête commence ; l'équipage se range sur le pont, conformément au programme arrêté d'avance ; les acteurs s'habillent et mettent la dernière main à leur costume fantaisiste. Les curieux, les mousses, les passagers se perchent là où ils veulent, qui dans les mâts, qui sur les échelles, qui dans les hunes.

Le cortége du dieu de la Ligne apparaît alors au bruit des décharges de mousquets, des détonations des pier- riers, des cris des matelots et des étranges accents des porte-voix. Une grêle de haricots fond sur le pont du haut de la mâture ; le char triomphal du dieu Trópique, qui n'est autre qu'un affût de canon, conduit le cor- tége royal jusque devant l'état-major, où le roi des Tropiques prononce un discours. L'imagination et l'es- prit du marin qui remplit le rôle assaisonnent plus ou moins longtemps cette proclamation. Il y explique or- dinairement quelles sont les tortures qui attendent les assistants, et il annonce qu'il se fait un véritable hon- neur de présider à leur supplice.

Or, voici à peu près quelles sont ces tortures. Un exécuteur s'approche du patient, et, pointant perpendi- culairement un clou énorme au-dessus de sa tête, fait mine de l'y enfoncer à grands coups de marteau. Heureusement, le clou est en mie de pain saupoudré de limaille de fer. Un autre brandit de terribles tenailles, et, sous prétexte de lui arracher les ongles des pieds, ôte seulement la chaussure. Un autre, tenant une scie à la main, se met en devoir de lui couper les membres ; mais il renverse l'instrument sur le dos, et ne fait que râper légèrement la peau de la victime. Puis l'inondation commence, des flots d'eau s'abattent sur la tête du malheureux et le baptisent aussi complétement et souvent plus longuement qu'il n'en aurait envie. La scène prend ensuite un caractère plus général ; la farce s'agrandit, et le baptême tropical ruisselle sur le pont. Mousses, novices, matelots, maîtres d'équipage, état-major, passagers, cuisiniers, tous prennent part indistinctement à cette lutte aquatique. C'est à qui s'arrose des plus vigoureux seaux d'eau ; des fleuves jaillissent d'en bas, des trombes descendent d'en haut. Partout de l'eau, partout des douches, partout des facéties, partout de bruyants éclats de rire. C'est, a-t-on dit quelque part, le déluge universel réduit aux proportions d'une bouffonnerie.

A la fin d'une scène de ce genre, la tempête arrive quelquefois, et de la joie il faut subitement passer à la fatigue, au travail, aux manœuvres. Souvent la mer devient si furieuse, les lames si puissantes, que, pour sauver le navire, il faut couper les mâts et jeter à la mer la cargaison, les vivres, les tonnes d'eau, tout ce qui charge, tout ce qui embarrasse, tout ce qui alourdit le bâtiment. Souvent cela ne suffit pas : la mer se fraie un passage par les crevasses pratiquées par la force des lames à l'avant ou à l'arrière ; l'eau se rue d'étage en étage, annonçant ses envahissements progressifs par un bruit sourd et menaçant. Le vaisseau va couler.

Alors les embarcations sont mises à la mer ; mais la violence de la tempête les emporte et les brise comme de frêles coquilles de noix. Reste une dernière ressource, un dernier espoir, le *radeau*. Tout le monde se met alors à l'œuvre ; on réunit les vergues, les espars, les planches, les débris de toutes sortes ; on les dispose entre les flancs du bâtiment, à côté les unes des autres. Si la mer le permet, ces matériaux informes sont croisés, superposés, assemblés aussi bien que possible et reliés fortement par des câbles. On transporte alors sur le radeau tout ce qui reste de provisions ou de nourriture, et l'on s'abandonne à la tempête, à la mer et à la Providence.

C'est sur un radeau de ce genre que subsista pendant huit jours une partie de l'équipage de la frégate *la Méduse*. Géricault nous a raconté, avec l'éloquence de son pinceau sévère et le prestige de son style coloré et solennel, les affreuses tortures endurées par l'équipage de ce navire français sur ces quelques planches perdues en plein Océan.

Les traités de 1814 et de 1815 avaient, on le sait, rendu définitivement à la France ses établissements du Sénégal. Une expédition, sous les ordres de M. de Chaumareys, et composée de la frégate *la Méduse*, que cet officier commandait, de la corvette *l'Echo*, de la gabarre *la Loire*, et du brick *l'Argus*, partit, le 17 juin 1816, de la rade d'Aix pour aller reprendre ces possessions.

Ces bâtiments marchèrent d'abord de conserve ; mais la *Méduse*, ayant ensuite dépassé les trois autres, se trouva, le 1ᵉʳ juillet, non loin de la côte du désert de Sahara. Elle passa le tropique, continua une route qui la rapprocha beaucoup trop de terre, sous prétexte que les vents alizés du nord-est laissaient le commandant libre de sa manœuvre, et que le moyen de faire une courte traversée était de serrer la plage d'aussi près que

16

possible. Malheureusement, le 2 juillet, à trois heures de l'après-midi, la frégate s'échoua. M. de Chaumareys, dont l'imprudence avait incontestablement causé ce désastre, perdit aussitôt son autorité sur l'équipage et son ascendant sur les passagers. On essaya de remettre le navire à flot ; les soldats français que l'on portait à Gorée aidèrent à la manœuvre ; mais la puissance humaine n'y pouvait rien, et la violence de la mer ne tarda pas à tout compromettre. On lutta vaillamment contre les vents qui gênaient la manœuvre des embarcations, en soulevant la mer, et contre la rapidité des courants qui paralysaient l'exécution des ordres pour porter au large les ancres au moyen desquelles on essayait de ramener la frégate. Mais presque toujours les canots, surchargés de ces ancres, dérivaient sous le vent, hors de la direction qu'il eût fallu suivre pour les mouiller là où l'eût exigé le mouvement rétrograde qu'on voulait faire exécuter au bâtiment. Tout espoir fut donc abandonné. La mer grossissait. La frégate était comme un récif sur lequel embarquait la lame, brisant les agrès, inondant l'équipage, l'obligeant à abandonner sans cesse ses travaux pour saisir à tout instant, soit une manœuvre, soit le bord d'un panneau, soit un cordage, pour ne point être emporté par la mer.

Enfin, la frégate s'entr'ouvrit. C'était dès lors au salut des personnes qu'il fallait penser, et non plus à celui du bâtiment. On fit un radeau. Mais ce travail s'organisa sans direction, sans plan, sans méthode ; il fut mal lié, mal calculé et mal approvisionné. Chose inouïe ! on projeta de le traîner à la remorque des embarcations, sans réfléchir à la fatigue que le poids de cette énorme machine surchargée occasionnerait aux matelots, obligés de manier l'aviron en temps de calme. Les auteurs de cette idée avaient-ils du reste sincèrement l'intention de la mettre à exécution jusqu'au bout, ou ne méditait-on pas d'échapper ainsi au radeau lorsque l'occasion s'en présenterait ? Nul ne peut le dire. Ce qui est certain, c'est que, lorsque 150 personnes y furent embarquées sous le commandement de l'aspirant de marine Coudin, et que le remorquage eut duré quelques heures, tout à coup les amarres cassèrent, les chaloupes gagnèrent le large, et abandonnèrent le radeau à son triste sort.

Alors commença le drame épouvantable du radeau de la *Méduse*, une des pages les plus lamentables de l'histoire de la marine française. Lorsque les 150 malheureux qui y étaient entassés eurent perdu de vue les trois

embarcations, ils furent frappés de stupeur, et leur désespoir s'exhala en imprécations contre ceux qui les
avaient trompés pour les abandonner. Peu à peu, et la
nécessité l'ordonnant, un calme relatif permit une distri-
bution du peu de vivres qui étaient à bord : le biscuit
mouillé d'eau de mer fut dévoré en un seul jour ; bal-
lottés par les vagues, ils se choquaient les uns contre
les autres, ou tombaient entre les intervalles des pièces
mal jointes qui composaient le radeau. Plusieurs périrent ainsi, brisés ou mutilés ; d'autres furent jetés à la
mer par la violence des secousses ; d'autres enfin s'y
précipitèrent volontairement.

Le lendemain, 20 hommes manquaient à l'appel. La
nuit suivante fut plus terrible encore. Le vent soufflait
du large, et des montagnes d'eau couvraient à chaque
instant les malheureux naufragés et se brisaient sur eux
avec fureur. Ils furent obligés de se serrer au centre,
partie la plus solide du radeau. Ceux qui ne purent s'y
grouper périrent tous. Les soldats et les matelots,
effrayés, désespérés, fous de terreur, résolurent d'adou-
cir leurs derniers moments en buvant jusqu'à perdre la
raison. Ils firent un trou au tonneau de vin qui se trouvait au milieu d'eux et s'enivrèrent ; alors ils se je-

tèrent sur leurs armes ; une affreuse mêlée commença, le sang rougit les poutres du radeau ; puis ils se réconcilièrent. Mais 27 hommes seulement restaient des 150 qui avaient quitté la frégate.

C'est à peu près à cette période du drame que Géricault l'a £ isi. Au milieu du radeau, un mât brisé soutient encore une voile ; partout des cadavres, partout des morts ou des mourants. Au premier plan, un homme vigoureux, à la figure énergique et farouche, est assis, la tête appuyée sur la main, le bras lié au corps de son ami, étendu sans vie à ses pieds. Il a voulu partager le même sort que ce compagnon de ses fatigues et de ses espérances. C'est à côté de lui qu'il veut s'endormir du sommeil éternel qui doit les réunir ; c'est à la mort qu'il demande la fin de ses maux. Au deuxième plan, un nègre est monté sur un tonneau, et agite un lambeau d'étoffe. Ils viennent d'apercevoir à l'horizon un navire qui doit les sauver. Aussitôt un grand nombre se réveillent de leur torpeur et se traînent avec peine aux pieds de la vigie. Cependant certains se livrent au désespoir et n'attendent plus rien de la terre. Auprès du mât un fou s'arrache les cheveux. Le soleil va bientôt s'éteindre dans l'Océan. Ce sera la dernière nuit d'angoisse. Le lendemain, l'*Argus* les rencontra. Ils n'étaient plus que 15.

Tel fut le désastre de la *Méduse*. Il est célèbre parce que 15 survivants purent en raconter les horreurs. Mais, hélas ! combien de naufrages de ce genre, combien de radeaux abandonnés sur l'Océan n'ont pas même rendu à la vie et au monde une seule victime qui pût raconter leurs souffrances !

Que de vaisseaux engloutis en dix minutes sur une pointe de récif par une mer furieuse ! Au mois de décembre 1869, c'était encore l'aviso *la Gorgone*, qui périt corps et biens sur les rochers de Brest, sans qu'un seul homme en réchappât, sans que ce désastre eût d'autres historiens que les tristes épaves rejetées sur la grève par les flots irrités.

Et comme nous le disions tout à l'heure, que d'occasions de désastres, que de façons de mourir, que de causes de naufrages ! La nature invente quelquefois dans les mers équatoriales tout ce que l'électricité, le vent, l'eau, les nuages combinés ensemble, peuvent produire de plus épouvantable.

Le récit d'un cyclone écrit par un médecin à bord de la frégate *la Junon*, peut en donner une idée :

« Partis de l'île de la Réunion le 28 avril, par un
temps magnifique, nous avons vu, le jour suivant, le
ciel prendre une mauvaise apparence sans que le baromètre nous eût, par sa baisse ordinairement rapide, mis
en garde contre l'imminence du danger, contre un
cyclone. Le 30 avril, à onze heures du soir, les premières et terribles rafales nous assaillaient ; et pendant
toute la nuit nous avons lutté contre un vent fou et une
mer épouvantable. Pendant cinq heures, la frégate,
couchée sur le flanc gauche et presque engagée, n'o-
béissant plus à l'action du gouvernail et subissant
comme un écueil les assauts ininterrompus de l'ouragan, a eu six embarcations enlevées, le petit mât de
hune, la grande vergue, le perroquet de fougue brisés,
un sabord défoncé, les feux de la machine éteints, par
les paquets de mer qui entraient à bord par tonneaux,
l'équipage tout entier aux pompes et aux chaînes n'arri-
vant pas à étancher l'eau. A six heures, et comme par
enchantement, le vent tombe. Nous étions dans le centre
même du tourbillon calme, par suite de la violence
inouïe des vents tournants et contrariés qui en forment
la périphérie.

« Ce calme, qui a duré huit heures, presque fan-

tastique par l'apparence du ciel parcouru en toutes
directions par des brumes épaissies, par l'état de la mer
qui n'était plus qu'une houle énorme battue et déferlant
dans tous les sens, nous a offert des phénomènes bien
curieux. Une foule d'oiseaux de mer, surpris et empri-
sonnés dans ce calme perfide dont ils ne pouvaient plus
sortir, sont venus, affolés de terreur et de fatigue, s'a-
battre sur le pont, où on les prenait à la main. Des bancs
de sauterelles arrachés probablement aux rochers de
Bargados, dont nous n'étions pas à plus de cinquante
lieues, des poissons volants tombant par douzaines à
bord, et au milieu de tout cela une sensation inexpri-
mable et pour ainsi dire électrique produisant chez
quelques hommes de véritables désordres nerveux. Puis
la violence du vent et de la mer reprit le dessus, et nous
fûmes obligés de relâcher aux îles Seychelles pour
réparer le navire, qui avait été fortement ébranlé dans
toutes ses parties. »

Le marin est donc en lutte perpétuelle avec ce qui
l'entoure. Il combat sans cesse : tantôt c'est le boulet
de l'ennemi, tantôt c'est la tempête, tantôt c'est l'écueil
et la voie d'eau, tantôt le coup de mer qui brise le navire,
tantôt le roulis qui le couche, tantôt le vent qui l'en-

traîne à la côte, tantôt le raz de marée qui le brise sur l'écueil.

Dans ces graves événements, le matelot français est toujours à la hauteur du péril. L'énergie et la persévérance ne lui font jamais défaut. Mais il y a un moment cependant où il se sent vaincu par la nature et où nos braves équipages comprennent que ce n'est plus parmi eux qu'ils doivent chercher du secours, que la Providence seule peut les sauver. C'est dans ces moments terribles que la foi du marin français, surtout sur les bâteaux de pêche, se révèle avec un consolant éclat. A un signe du capitaine, sous le ciel et dans l'onde qui tourbillonne, l'équipage se met à genoux ; une commune prière est faite au bruit du tonnerre, à la lueur éblouissante des éclairs, et un vœu est prononcé.

Sainte et touchante confiance ! Et comme cette dévotion à la protection de la Vierge ou des saints est solennelle au milieu de cette nature en démence, en face de la mort qui demande une proie ! Comme ces promesses faites à Notre-Dame de Bonsecours apportent au cœur de tous ces braves gens un courage nouveau et instantané ! Comme sous leur vieille poitrine brunie par les soleils de tous les climats bat une âme fidèle et religieuse !

Et lorsque la mer est apaisée, lorsque le navire rentre au port, avec quelle piété ils accomplissent la promesse sacrée ! Sur la jetée de leur havre, une famille, pleurant de joie, tend les bras à ce frère, à ce père, à cet ami qu'elle avait cru perdre. Des hourras joyeux retentissent, l'attendrissement est au comble. On court, on vole ; mais eux abordent et ne disent rien. La gravité de leur visage a parlé pour eux. Les femmes ont compris. Impassibles, les braves marins s'alignent, dénouent leur chaussure, et gravissent la falaise sur laquelle est bâtie la chapelle où se doit accomplir le vœu. Quand ils sont arrivés au haut, ils se jettent aux pieds de Notre-Dame ; l'offrande est publiquement déposée sur l'autel privilégié, et ils sortent alors pour se jeter dans les bras de leurs parents, et pour se réjouir avec eux du miracle qui les a sauvés.

Nous avons vu les gloires, les dangers, la vie de notre marine française ; nous avons suivi dans toutes les phases de leur existence accidentée la destinée du navire et celle du matelot: capitaines, amiraux, ingénieurs, constructeurs, tous ceux qui participent à cette grande œuvre, à cet être qui a sa personnalité et sa destinée propre, à ce monstre qui doit porter la paix ou la guerre, à ce navire, en un mot, où flotte le pavillon de la France, tous nous sont passés sous les yeux. Plus particulièrement nous nous sommes arrêtés devant les grands génies ou les grands cœurs qui ont illustré notre marine. Nous n'avons pas oublié l'humble pêcheur ; nous avons salué avec lui la Vierge protectrice de la mer. Nous nous sommes arrêtés enfin sur les touchantes croyances et sur la foi robuste du marin français. La foi est le dernier mot de toutes choses; au-dessus de toutes ces gloires, de toutes ces souffrances, de tous ces génies, de tous ces labeurs, plane un grand sentiment, une intime expression de foi et d'espérance sans lesquelles rien ne fructifie : ce sentiment, cette foi, cette espérance, elles sont dans ce mot :

Dieu protége la France !

FIN.

TABLE.

—

XII. — EFFECTIF DE LA FLOTTE. — MATÉRIEL. —
PERSONNEL.

XIII. — BATIMENTS DE COMMERCE ET PAQUEBOTS.

XIV. — CANOT DE SAUVETAGE.

XV. — PÊCHES.

XVI. — PILOTES.

XVII. — CÉRÉMONIES DE LA MARINE FRANÇAISE.

Rouen. Imp. MÉGARD et Cⁱᵉ, rue Saint-Hilaire, 136.

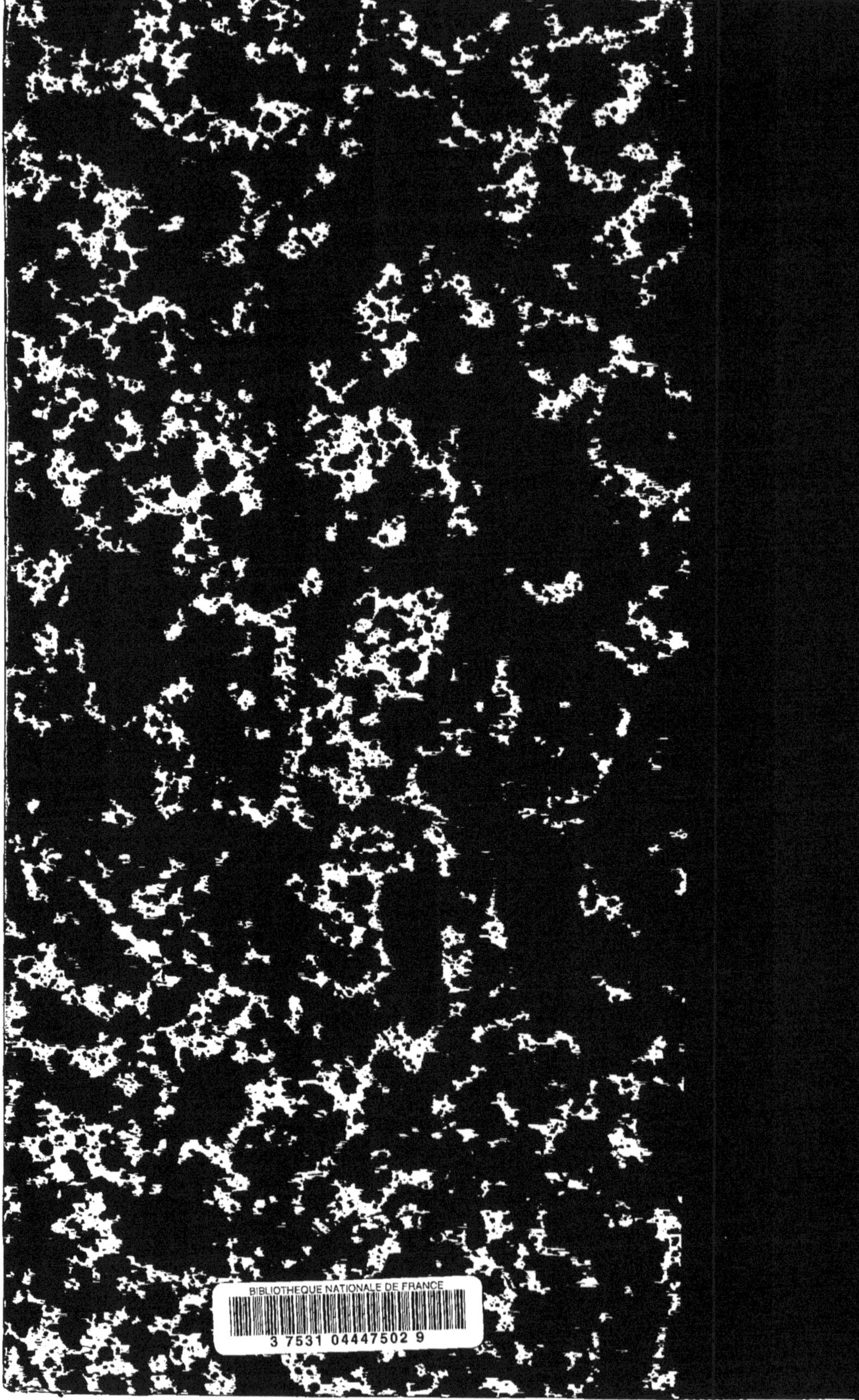